동명 스님과 함께
매일매일 천수경

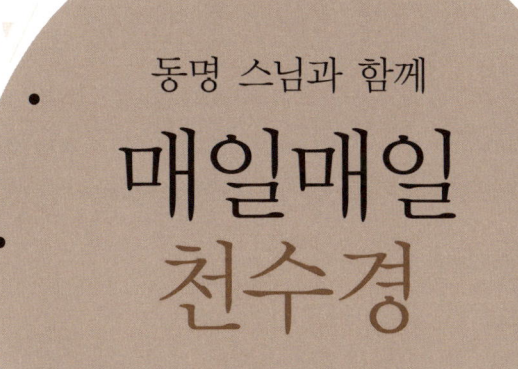

동명 스님과 함께
매일매일 천수경

동명 지음

조계종
출판사

머리말

천수경에 마음공부가 있다

 천수천안관자재보살! 무수히 많은 손으로 중생들의 아픔을 어루만져주시는 보살님! 무수히 많은 눈으로 우리들의 아픔을 속속들이 살펴보시는 보살님! 중생들이 원하는 곳이면 어디든 몸을 나투시는 관자재보살님! 관자재보살님의 다른 이름은 관세음보살님이니, 중생들이 요청하는 소리를 들으시고 어디든 출동하시는 보살님이 바로 그분이십니다. 민중들에게 관세음보살님은 희망의 등불과도 같은 분입니다. 그래서 우리나라에 관세음보살님을 모신 사찰, 이름이 관음사인 사찰, 관세음보살님을 모신 원통전이나 관음전이 있는 사찰이 그렇게나 많은 것입니다.

 우리나라 사찰에서 빠지지 않고 독송하는 경전이 『천수경』인데, 천수경이 관세음보살님을 찬양하는 신묘장구대다라니를 중심으로 만들어진 경전이니, 관세음보살 신앙은 한국불교에서 매우 큰 비중을 차지한다 하겠습니다. 그래서 불자들은 어려운 일이 있으면 자신도 모르게 관세음보살, 나무관세음보살을 염송하게 됩니다.

한국불교는 왜 이렇게 관세음보살님을 중시하는 것일까요? 불교는 인류 역사상 거의 유일한 자력신행의 종교인데, 관세음보살 신앙은 불교 안에서 타력신앙의 대표적인 예에 해당합니다. 관세음보살 신앙이 불교 본연의 입장과는 다르다고 할 수 있음에도 한국불교의 거의 중심에 자리하게 된 이유는 무엇일까요?

생각해보면, 부처님의 깨달음은 인류 역사에서 가장 중요한 사건이었습니다. 왜냐하면 생명체의 근본 문제인 늙음과 죽음을 스스로 해결하는 자력신앙의 탄생이었기 때문입니다. 부처님 이전에는 누구도 생명체의 근본적인 고(苦)인 늙음과 죽음을 해결하지 못했습니다. 부처님 당신께서도 깨닫기 이전에는 인간 스스로 근본적인 고를 해결할 수 있다는 것을 확신하지 못하셨습니다.

부처님이 깨달은 뒤 인류의 종교와 철학은 새로운 차원을 맞이하게 되었습니다. 신의 은총을 기대하면서 행하는 고행이 아니라, 인간 스스로 신보다도 위대한 경지에 오르기 위한 수행을 시작한 것입니다. 그러한 수행은 차츰 체계화되어 남방에서는 아미담마(abhidhamma)로 발전하고, 북방에서는 아비다르마(abhidharma)로 발전하게 됩니다.

아비담마나 아비다르마는 매우 어렵습니다. 자력으로 수행하기 힘든 근기 낮은 사람은 기복신앙 위주의 힌두교로 건너가기도 했지요. 자력신행 위주의 불교계에서도 타력신앙이 필요하다는 것을 차츰 실감하게 됩니다. 그리하여 탄생한 것이 대승불교입니다. 대승불교는 아비담마나 아비다르마를 공부할 수 없는 재가자들도 기도를 통해서 구원받을 수 있는 길을 열어주고 있습니다. 그리하여 대승불교는 궁극적으로는 자력신행이지만 타력신앙까지를 포용했다고 볼 수 있겠습니다.

대승불교는 중국을 거쳐 우리나라에까지 왔습니다. 기나긴 세월 고통의 나날을 보내야 했던 우리 선조들은 관세음보살님에 의지하여 어려운 시절을 견디곤 했습니다. 관세음보살님은 우리나라 사람들에게 어머니와 같은 분이었습니다. 어머니가 자식들의 어떤 푸념에도 자비로써 대해주듯이, 한국인의 마음속에서 관세음보살님은 민중들의 무리한 요구에도 따뜻한 손길을 내미는 분이었습니다.

산사에 있을 때 저의 하루는 천수경에서 시작하여 천수경으로 끝났습니다. 먼저 새벽 도량석을 한문 천수경으로 시작합니다. 아침예불을 마친 후 기도에 들어갈 때에는 우리말 천수경을 독송합니다. 사시기도도 우리말 천수경으로 시작합니다. 저녁기도 때 또 한 번 우리말 천수경을 독송하는 것으로 저의 천수경 일과는 끝이 났습니다. 이렇게 매일 네 번 천수경을 독송하는데, 때로 재(齋)가 있는 날이면 더 여러 번 천수경을 독송할 수도 있습니다. 저뿐만 아니라 절에서 기도하는 스님들은 대부분 그럴 것입니다. 그러기에 한국불교를 '천수경 불교'라고 말하기도 하는 것입니다.

천수경이 이렇게 자주 독송하는 경전이라면 누구나 다 잘 알고 있어야겠죠? 물론 많은 불자들이 천수경을 알고 있습니다. 심지어 불교를 전혀 모르는 사람들에게도 "수리 수리 마하수리 수수리 사바하"라는 진언은 익숙합니다. 그러나 우리는 익숙한 것일수록 정확하게는 모르는 경우가 많습니다. 익숙한 것이어서 굳이 알려고 노력하지 않는 경우도 많지요. 이번에 천수경을 마음공부 차원에서 공부해 보십시오. 천수경에 이렇게 깊은 뜻이 있다는 것을 알게 되면 신심이 더욱 깊어질 것이고, 어떤 마음으로 기도해야 하는지가 보이실 것이며, 깊은 신심으로 기도하기 때문에 기도 성취 또한 당연한 결과가 될 것입니다.

천수경은 쉬우면서도 어려운 경전입니다. 천수경이 쉬운 이유는 불교의 기본적인 가르침과 불자들이 기본적으로 지니고 발원하는 내용을 담고 있기 때문입니다. 그러면서도 어려운 이유는 기본적인 가르침이 곧 불교의 핵심이자 궁극적인 진리이기 때문입니다. 또 이렇게 말할 수도 있겠습니다. 부처님의 가르침을 이해하는 것이 어렵지는 않지만 그 가르침을 실천하기는 쉽지 않다는 점에서, 불교의 기본을 담고 있는 천수경이 쉬우면서도 어려운 경전이라는 것입니다.

이번 강의는 천수경의 내용을 차분하게 살펴보는 것을 기본으로, 천수경이 우리들에게 제시하는 행복의 비결과 마음공부 방법을 찾는 데 초점을 맞추고자 합니다. 진언이나 다라니의 경우는 산스끄리뜨어 원문을 살펴보겠습니다. 진언은 일반적으로 번역하지 않는 것이 원칙이라고 하지만, 그것은 그 뜻을 모르고 읽어야 한다는 것이 아니라, 원어 그대로 독송해야 한다는 뜻입니다. 진언에 담긴 뜻을 알고 독송한다면 사무치는 마음 또한 깊어져서 진언 독송의 위신력도 배가되는 게 당연합니다. 산스끄리뜨어를 공부하지 않으신 분은 문법 사항은 넘어가고 그 뜻만 살펴보시면 됩니다.

　천수경은 어머니와 같은 관세음보살님을 만나는 경전이며, 덧붙여서 일상을 참회하는 경전이며, 바른 생활과 성불을 발원하는 경전이며, 삼보에 대한 귀의를 맹세하는 경전입니다. 요컨대 우리의 기원과 서원, 자력과 타력이 잘 어우러진 대승 경전입니다. 천수경에 우리 불자들이 나아가야 할 길, 성공하는 길, 행복해지는 길이 있음을 확인하겠습니다. 무엇보다도 어떤 마음으로 살아가야 할지, 어떻게 하면 강하면서도 유연하고, 빠르면서도 느긋하고, 도전적이면서도 안정적인 마음을 만들어나갈 것인지 모색해보겠습니다. 중요한 것은 천수경을 매일매일 독송하고 공부하고 실천해야 한다는 평범하면서도 특별한 원칙입니다. 매일매일 실천할 때 비로소 일상이 바뀌고 습관이 바뀌고 인생이 바뀝니다. 천수경을 열심히 독송하고 공부하여 바르고 아름답고 복된 나날 누리시기를 기원합니다.

　마하반야바라밀!

불기 2569년 가을

동명 합장

차례

머리말　천수경에 마음공부가 있다 · 4

제1장　한국 사람은 천수경으로 마음을 다스렸다
　　　　천수경은 어떤 경전인가?
　　　　　천수경은 어떤 경전인가? · 16
　　　　　천수경의 구조 · 18
　　　　　천수경과 관세음보살 · 21
　　　　　천수경의 역사적 특징 · 29
　　　　　천수경의 구조적 특징 · 32

제2장　칭찬하는 연습이 필요합니다
　　　　개경과 다라니 계청
　　　　　찬탄하는 마음이 세상을 맑힌다 · 36
　　　　　다라니에 대한 청을 열다 · 48
　　　　　정구업진언과 마음공부 · 62

제3장   불보살님께 귀의하여 마음을 내려놓자
　　　　　　발원과 귀의

　　　열 가지 발원 · 66
　　　악도에 떨어진 중생들을 위한 여섯 가지 발원 · 72
　　　여러 보살님과 아미타 부처님에 대한 귀의 · 75
　　　귀의와 마음공부 · 80

제4장   다라니에 의지하여 마음을 내려놓자
　　　　　　신비롭고 미묘한 어귀로 이루어진 대다라니

　　　신묘장구대다라니를 만든 수많은 이야기 · 84
　　　다라니 독송과 마음공부 · 106

제5장   참회를 통해 마음을 내려놓자
　　　　　　도량찬과 사방찬, 그리고 참회

　　　찬탄은 코끼리를 춤추게 한다 · 112
　　　참회도 코끼리를 춤추게 한다 · 117

칭찬과 마음공부 · 127
참회와 마음공부 · 131

제6장 **준제진언에 의지하여 마음을 내려놓자**
준제진언

준제진언을 청하다 · 136
준제진언을 읊기 위한 '길 닦기' 진언 · 140
온갖 공덕의 창고, 준제진언 · 144
기도와 마음공부 · 148

제7장 **널리 회향함으로써 마음을 내려놓자**
총원과 삼귀의

부처님을 향한 열 가지 발원 · 154
네 가지 큰 서원 · 159
천수경의 결론, 삼귀의 · 162
회향과 마음공부 · 164

제8장 아직 못다 한 내려놓음은 보너스 진언으로
정삼업진언, 개단진언, 건단진언, 정법계진언

삼업을 맑히는 진언 · 172
법단을 여는 진언 · 174
법단을 세우는 진언 · 176
법계를 맑히는 진언 · 178
기도의 출발은 자신을 사랑하는 것으로부터 · 181

제9장 결론
천수경에 행복의 비결이 있다

천수경에 행복의 비결이 있습니다 · 190
현대사회에서 성공하기 위한 '마음의 법칙' · 204

부록 1   우리말 천수경 – 대한불교조계종 표준본 · 210
부록 2   우리말 천수경 – 광덕 큰스님 역 · 221
부록 3   한문 천수경 · 231

| 제 1 장 |

한국 사람은 천수경으로 마음을 다스렸다

●

천수경은 어떤 경전인가?

천수경은 어떤 경전인가?

천수경은 일반적인 경전과는 다릅니다. 불교 경전은 대부분 머리말에 해당하는 '서분(序分)', 본론에 해당하는 '정종분(正宗分)', 많은 청중들이 부처님의 말씀을 듣고 크게 감화되어 물러갔다는 내용을 담은 '유통분(流通分)'으로 구성되어 있습니다. 그런데 천수경은 전혀 다른 구조를 가지고 있습니다. 천수경은 부처님의 말씀이나 행적을 담은 경전이 아니라 신묘장구대다라니의 앞뒤에 몇 가지 의식문을 곁들여 만든 경전이기 때문입니다. 다시 말해 천수경은 신묘한 다라니(Dharani)에 기도와 예불의 의식문을 곁들인 독특한 구조를 가지고 있다 하겠습니다.

대장경에 '천수경'이라는 제목의 경전은 없습니다. 다만 현행 천수경의 모태가 되는 신묘장구대다라니가 있는 한역경전은 여러 종 있습니다. 그중 현행 천수경과 비슷한 제목을 가진 경전으로 대표적인 것이 가범달마(伽梵達摩)가 번역한 『천수천안관세음보살무애대비심다라니경(千手千眼觀世音菩薩無礙大悲心陀羅尼經)』(T20, no.1060)[1]과 불공(不空)이 번역한 『천수천안관세음보살대비심다라니(千手千眼觀世音菩薩大悲心陀羅尼)』(T20, no.1064) 등입니다.

현행 천수경과 비슷한 구조의 경전은 조선 후기에 간행된 의식집에서야 발견됩니다. 그리고 1935년에 간행된 『석문의범(釋門儀範)』에는 현행 천수경과 비교해볼 때 '참제업장십이존불' 및 '십악참회', '참회후송' 등이 생략되어 있습니다. 현행 천수경과 완전하게 일치되는 것은 1969년 통도사 강원에서 간행된 『행자수지(行者受持)』입니다.[2]

천수경을 사상적인 입장에 따라 달리 편집해서 사용하는 경우도 있습니다. 예를 들면, 광덕 큰스님이 번역하고 편집한 「우리말 천수경」의 경우 참회 부분 중 사참(事懺)과 관련한 내용을 생략하였습니다.

천수경은 우리나라 불교계에서 기도의식을 위해 신묘장구대다라니와 그 계청을 비롯한 기존의 경문에 개경(開經), 찬탄, 참회, 준제주, 발원, 서원, 삼귀의 등을 덧붙여서 만든, 경이라기보다는 '의식문'에 가까운 것이라 볼 수 있겠습니다. 의식문은 의식문이되 그 안에 불자가 기본적으로 알고 행해야 할 덕목들이 모두 망라되어 있습니다. 그런 의미에서 저는 천수경을 한국 불자들의 신행생활에 꼭 필요하면서도 유익한, 잘 만들어진 교과서라고 생각합니다.

---

1   T20, no.1060은 일본의 대정신수대장경(大正新修大藏經) 20권, 1060번 경이라는 뜻.
2   정각, 『천수경 연구』, 운주사, 2011, 115쪽 참조.

천수경의 구조

천수경의 핵심에 해당하는 다라니를 독송해온 역사는 매우 오래되었습니다. 의상대사께서 쓰신 「백화도량발원문(白花道場發願文)」에 "널리 온 누리의 모든 중생으로 하여금 대비주를 외우게 하며 관세음보살님의 이름을 염하게 하여 다 함께 원통삼매에 들게 하소서" 하는 대목이 나오는데, 이는 신라시대에 이미 대비주가 널리 독송되었음을 말해줍니다. 이후 시대별로 조금씩 다른 형식으로 대비주를 중심으로 한 의식문이 독송되었습니다. 그리하여 근현대에 이르러 오늘날의 천수경과 일치하는 의식문이 형성되었습니다. 현행 천수경의 구조를 정리해보면 다음과 같습니다.

① 경을 열다(開經): 정구업진언~개법장진언
② 다라니를 청하다(啓請): 천수천안관자재보살광대원만무애대비심대다라니계청~소원종심실원만

③ 특별한 발원(別願): 나무대비관세음~자득대지혜=10원(願)+6향(향)

④ 관세음보살님과 아미타부처님에 대한 귀의(別歸依): 나무관세음보살~나무본사아미타불

⑤ 다라니(陀羅尼): 신묘장구대다라니(神妙章句大陀羅尼)

⑥ 찬탄(讚歎): 사방찬(四方讚)/도량찬(道場讚)

⑦ 참회(懺悔): 참회게~참회진언

⑧ 준제주(准提呪): 준제공덕취~원공중생성불도

⑨ 총체적인 발원(總願): 여래십대발원문/사홍서원

⑩ 삼귀의(三歸依): 삼귀의

여기서 주목할 것은 '준제주' 부분입니다. 다른 진언이나 게송은 모두 신묘장구대다라니를 중심으로 짜인 것이라는 느낌이 드는데, 준제주만은 별도의 독립체 같은 구조를 갖고 있습니다.

준제주 부분의 구조는 다음과 같습니다.

① 준제주 열기(啓請): 준제공덕취~정획무등등

② 정법계진언: 옴 남

③ 호신진언: 옴 치림

④ 관세음보살본심미묘육자대명왕진언: 옴 마니 반메 훔

⑤ 준제진언

⑥ 준제게송(발원)

이렇게 준제주 부분은 완벽한 독립적 구조를 이루고 있습니다. 천수경이 전체적으로는 대비주 중심으로 이루어져 있지만, 준제주 부분이 액자처럼 끼워져 있는 형식인 것이지요.

그러다 보니 독자적으로 '계청' 부분이 있고, 가장 중요한 준제진언을 하기 전에 예비진언에 해당하는 세 진언을 독송한 후 준제진언을 독송하는 구조로 되어 있습니다. 진언을 읊은 뒤에는 발원을 하는 식으로 꽉 짜여 있습니다.

천수경과 관세음보살

　천수경은 그 이름부터가 이미 관세음보살님과 깊은 관계가 있음을 말해줍니다. 신묘장구대다라니가 관세음보살님을 찬양하는 주문이니, 주문의 계청에 해당하는 부분도 관세음보살님을 예배하는 내용이고, '별원'과 '별귀의'에 해당하는 부분도 관세음보살님께 발원하고 귀의하는 내용입니다. 또한 준제보살님도 관세음보살님의 다른 이름이니 준제진언 부분도 관세음보살님과 깊은 관계가 있는 것입니다.

　따라서 천수경은 관세음보살님과 직접적인 관계가 있는 내용에 개경, 찬탄, 참회, 총원, 총귀의를 덧붙인 것이라 하겠습니다. 그러므로 천수경을 공부함에 관세음보살님이 누구인지 알아보는 것은 당연하다 하겠습니다.

어원으로 본 관세음보살

관세음보살의 산스끄리뜨 원어는 avalokiteśvara입니다. 이를 분석해보면 'avalokita(과거수동분사, 관/관찰)+iśvara(자재)'가 됩니다. 따라서 관세음보살이라는 명칭보다는 관자재보살이라는 명칭이 옳겠습니다. 만약 관세음보살이 맞다고 한다면, 'avalokita+svara(음)'가 될 텐데, 그렇다면 avalokiteśvara가 될 수가 없지요.

한역으로는 관자재(觀自在), 광세음(光世音), 관세자재(觀世自在), 관세음자재(觀世音自在) 등으로 번역되었는데, 구마라집 스님이 번역한 구역에서는 '관세음(觀世音)보살'로 번역되었고, 현장 스님이 번역한 신역에서는 '관자재(觀自在)보살'로 번역되었습니다.

관자재(觀自在)란 '보는 데 자유롭다'는 뜻이고 관세음(觀世音)은 '세상의 소리를 본다'라는 의미로 해석할 수 있습니다. 따라서 천수천안관자재보살은 천 개의 손으로 중생을 어루만져주고, 천 개의 눈으로 중생을 살펴보며, 자유로이 몸을 나투는 보살이란 뜻이 되고, 천수천안관세음보살은 천 개의 손으로 중생을 어루만지고, 천 개의 눈으로 중생을 살펴보며, 세상의 소리를 관하는 보살이란 뜻이 되겠습니다. 관세음보살은 천수천안과 의미가 중복되고 있지요. 관자재보살이 더 적절한 번역이라 하겠지만, 우리에게는 관세음보살이 더 친숙합니다. 여기서는 경우에 따라 두 가지 번역을 혼용하겠습니다.

천 개의 손과 천 개의 눈으로 중생들을 보살피시다

천수경의 천수(千手)는 천수천안(千手千眼)의 약칭입니다. 즉 천 개의 손과 천 개의 눈을 갖고 계신 관세음보살을 지칭하는 것입니다. 관세음보살은 천의 눈으로 중생들의 아픔을 보시고 천의 손으로 중생들의 아픔을 어루만져주시고 마침내 고통에서 벗어나게 해주시는 자비의 어머니입니다. 천수경은 바로 자비의 어머니인 관자재보살(Avalokiteśvara)을 찬양하는 경전이며, 관자재보살께 귀의하는 경전이며, 관자재보살께 발원하는 경전입니다.

여러 가지 모습으로 나투시다

『법화경』「관세음보살보문품」에는 관세음보살이 중생들의 필요에 따라 서른세 가지의 모습, 즉 '33응신(應身)'으로 나투신다고 하며, 『능엄경』에서는 32응신[3]으로 나투신다고 하였습니다. 이렇게 중생의 근기에 따라 다양한 모습으로 나투시기 때문에 '보문시현(普

---

3 32응신은 ① 불(佛), ② 독각, ③ 연각, ④ 성문, ⑤ 범왕, ⑥ 제석천, ⑦ 자재천, ⑧ 대자재천, ⑨ 천대장군(天大將軍), ⑩ 사천왕, ⑪ 사천왕태자, ⑫ 인왕(人王), ⑬ 장자(長者), ⑭ 거사(居士), ⑮ 재관(宰官), ⑯ 바라문, ⑰ 비구, ⑱ 비구니, ⑲ 우바새, ⑳ 우바이, ㉑ 여주·국부인·명부·대가(女主·國夫人·命婦·大家), ㉒ 남자어린이, ㉓ 여자어린이, ㉔ 천(天), ㉕ 용, ㉖ 야차, ㉗ 건달바, ㉘ 아수라, ㉙ 긴나라, ㉚ 마후라가, ㉛ 인(人), ㉜ 비인(非人) 등이다.

門示現)'이며, 남녀라는 특정한 성(性)을 초월합니다.「관세음보살보문품」에 나오는 관세음보살의 33응신은 대략 다음과 같이 정리할 수 있습니다.[4]

4   관세음보살의 33응신은 중국에서 다음과 같이 정리되었다. ① 양류(楊柳)관음: 버드나무 아래 앉거나, 오른손에 버드나무 가지를 들고 계심. ② 용두(龍頭)관음: 구름 속에서 용을 타신 모습. 33신 중 천룡의 몸을 상징한다. ③ 지경(持經)관음: 성문의 모습으로 바위에 앉아 경전을 가지고 계심. 33신 중 성문의 몸을 상징한다. ④ 원광(圓光)관음: 향배에 둥근 광명을 나투심. ⑤ 유희(遊戱)관음: 구름을 타고 왼손을 한쪽 무릎에 놓고 법계를 사유로이 다니심. ⑥ 백의(白衣)관음: 항상 흰옷을 입고 선정인을 맺고 하얀 연꽃 위에 계심. 33신 중 비구·비구니의 몸을 상징한다. ⑦ 연와(蓮臥)관음: 하얀 연꽃 위에 앉아 계심. 33신 중 소왕(小王)의 몸을 상징한다. ⑧ 낭견(瀧見)관음: 폭포를 바라보고 바위에 앉아 계심. ⑨ 시약(施藥)관음: 환약을 들고 계심. ⑩ 어감(魚監)관음: 물고기를 담은 바구니를 들고 계심. ⑪ 덕왕(德王)관음: 바위 위에서 가부좌를 하고 왼손은 무릎에, 오른손에 버들가지를 들고 계심. 33신 중 범왕(梵王)의 몸을 상징한다. ⑫ 수월(水月)관음: 달이 비친 바다 위에 연꽃잎을 타고 왼손엔 연꽃을 오른손은 시무외인을 하고 계심. 33신 중 벽지불의 몸을 상징한다. ⑬ 일엽(一葉)관음: 물 위 한 잎의 연꽃 위에 앉아 계심. 33신 중 관리의 몸을 상징한다. ⑭ 청경(青頸)관음: 바위에 기대앉아 계시고 보병에는 버들가지가 꽂혀 있음. 33신 중 부처님 몸을 상징한다. ⑮ 위덕(威德)관음: 왼손엔 금강저, 오른손엔 연꽃을 드심. 33신 중 하늘의 대장군의 몸을 상징한다. ⑯ 연명(延命)관음: 수중바위에 기대고 계심. ⑰ 중보(衆寶)관음: 평좌한 정좌의 모습. 33신 중 장자의 모습을 상징한다. ⑱ 암호(巖戶)관음: 동굴 속에 단정히 앉아 계시는 모습. ⑲ 능정(能靜)관음: 암벽 사이에 앉아 양손을 바위 위에 두고 계심. ⑳ 아누(阿耨)관음: 바위에 앉아 바다를 보고 계심. ㉑ 아마제(阿摩斷)관음: 시녀처럼 바위에 앉아 계심. 33신 중 비사문의 몸을 표현한다. ㉒ 엽의(葉衣)관음: 나뭇잎으로 된 옷을 입은 모습. 33신 중 제석천(인드라)의 몸을 표현한다. ㉓ 유리(琉璃)관음: 한 송이 연꽃을 타고, 물 위에 떠서 양손으로 발우를 들고 있는 모습. 33신 중 자재천(비슈누)을 상징한다. ㉔ 다라존(多羅尊)관음: 구름 위에 서서 푸른 연꽃을 들고 계심. ㉕ 합리(蛤蜊)관음: 조개껍질 가운데 나투심. 33신 중 보살의 몸을 상징한다. ㉖ 육시(六時)관음: 조개껍질 경본을 들고 계심. 33신 중 거사의 몸을 상징한다. ㉗ 보비(普悲)관음: 옷을 단정히 입은 채 바람을 맞으며 서 있는 모습. 33신 중 대자재천 상징. ㉘ 마랑부(馬郎婦)관음: 부녀자의 모습. 33신 중 부녀의 모습 상징. ㉙ 합장(合掌)관음: 합장을 하고 서 계심. 33신 중 바라문의 상징. ㉚ 일여

① 삼성신(三聖身)-부처님, 벽지불, 성문

② 육천신(六天身)-범천(브라흐마), 제석천(인드라), 자재천(비슈누), 대자재천(쉬바), 천대장군(전륜성왕), 비사문(다문천왕)

③ 오인신(五人身)-소왕, 장자, 거사, 재관, 바라문

④ 사부중신(四部衆身)-비구, 비구니, 우바새, 우바이

⑤ 사부녀신(四部女身)-장자부녀, 거사부녀, 재관부녀, 바라문부녀

⑥ 이동신(二童身)-남자어린이, 여자어린이

⑦ 팔부신(八部身)-천, 용, 야차, 건달바, 아수라, 가루라, 긴나라, 마후라가

⑧ 집금강신(執金剛神)-바즈라를 든 불교의 수호신. ⓢ vajra-pāṇi, ⓟ vajra-dhara.

또한 관세음보살은 보통 여섯 가지 모습으로 그려지기도 하는데, 그중 성관음(聖觀音)이 본신이고 나머지 다섯 가지 모습은 보문시현의 변화신입니다. 그 6관음의 역할을 간단히 살펴보면 다음과 같습니다.

(一如)관음: 구름 속 날아다니심. ㉛ 불이(不二)관음: 두 손을 모으고 연꽃 위에 서 계시는 모습. ㉜ 지련(持蓮)관음: 한 송이 연꽃을 두 손으로 들고 연꽃 위에 서 계심. ㉝ 쇄수(灑水)관음: 땅 위에 서서 왼손엔 발우, 오른손엔 버들가지를 들고 계심.

① 성관음(聖觀音): 주로 아귀도를 구제한다.
② 천수관음(千手觀音): 주로 지옥중생을 구제한다.
③ 마두관음(馬頭觀音): 주로 축생의 고통을 구제한다.
④ 십일면관음(十一面觀音): 주로 아수라의 고통을 구제한다.
⑤ 준제관음(准提觀音): 주로 인간의 고통을 구제한다.
⑥ 여의륜관음(如意輪觀音): 주로 천상의 고통을 구제한다.

이 관음보살의 정토, 즉 상주처는 인도 남부의 말라야(Malaya)산 동쪽 구릉인 보타락가산(補陀落迦山)이라고 믿어졌는데, 관음도량으로 유명한 우리나라 동해안 낙산사는 바로 여기서 절 이름을 따온 것이며, 보문사가 있는 강화도 낙가산, 청주 낙가산, 해남 보타산 등은 산 이름을 따온 것입니다. 중국에서는 절강성 주산열도(舟山列島)의 보타산(普陀山) 진제사(晋濟寺)를 관음보살의 거처로 믿고 있습니다.

『법화경』의「관세음보살보문품」에 따르면 마음속으로 관세음보살을 간절하게 염하면 불구덩이가 연못으로 변하고 성난 파도가 잠잠해지며, 높은 산에서 떨어져도 공중에서 멈추게 된다고 합니다. 참수형을 받게 되었을 때에도 목을 치는 칼날이 부러지고 맙니다. 이렇게 관세음보살은 갖가지 재앙으로부터 중생을 구원하는 보살로 알려져 있습니다. 말하자면 관세음보살은 현세이익 신앙의 대표적인 경배 대상이라고 하겠습니다.

자비로운 어머니 같으신 보살님

석가모니 부처님이 '사생의 자비로운 아버지(四生慈父)'라면, 관세음보살님은 자비로운 어머니입니다. 어머니는 자식을 위해 더없는 자애를 베풀며, 자신의 안위보다는 자식의 안위를 먼저 돌봅니다. 바로 그런 어머니의 성격이 관세음보살님의 성격과 같습니다. 관세음보살님은 마치 어머니가 강보에 싸인 갓난 자식 돌보듯 중생을 보살피시는 분입니다.

관세음보살의 위신력

관세음보살님은 중생의 근기에 따라 32응신(應身) 또는 33응신으로 나투신다고 하는데, 33가지나 32가지는 상징적이며, 세상 어떤 모습으로도 나툴 수 있음을 말해줍니다. 또 중생들로 하여금 두려움을 없애주는 14가지의 힘(十四無畏力)을 가지고 계시며 네 가지의 불가사의한 덕(四不思議德)을 갖추고 있다고 하는데, 이를 일일이 살펴보지는 않겠습니다. 그냥 아무리 두려운 상황에서도 이겨낼 수 있는 힘을 갖추고 있고, 도저히 측량할 수 없는 무량한 덕을 갖춘 분이 관세음보살이라 생각하면 되겠습니다.

그래서 현세에는 이 같은 신통력과 위신력으로 중생들을 보살피시고 사후에는 아미타부처님이 계신 서방정토 극락세계로 중생을 인도하시는 보살님입니다. 관세음보살님의 오묘한 위신력은 다음과 같이 찬탄되고 있습니다.

> 가지가지 신통의 힘 구족하시며
> 지혜의 온갖 방편 널리 닦으사
> 시방세계 넓고 넓은 모든 국토에
> 거룩하신 그 몸을 두루 나투네.
> _『법화경』「관세음보살보문품」에서[5]

---

[5] 『妙法蓮華經』卷7「觀世音菩薩普門品25」:「具足神通力 廣修智方便 十方諸國土 無刹不現身」(T09, p.58, a14-15). T는 신수대장경, 9권 58쪽 상단 14~15행이라는 뜻.

천수경의 역사적 특징

　현재 독송되고 있는 천수경은 다른 경전과 달리 오랜 역사를 통해 성립된 경전입니다. 그러다 보니 불교의 역사가 천수경 속에 담겨 있다고 해도 될 것입니다. 천수경의 역사적 특징은 다음과 같습니다.

　첫째, 천수경은 불교 역사의 총체적 집적물입니다. 천수경 곳곳에 불교 본연의 자력수행 요소가 있는가 하면 대승불교의 타력신앙이 깊게 스며들어 있으며, 밀교의 진언도 큰 비중을 차지합니다. 이렇듯 천수경은 불교가 역사 속에서 걸어온 길을 골고루 포함하고 있다고 하겠습니다.

　둘째, 천수경은 타 종교의 신들까지 불교의 수호신으로 교화하는 불교의 포용적인 태도를 보여주는 경전입니다. 신묘장구대다라니에는 인도의 수많은 신들이 등장합니다. 그들은 모두 관세음보살님의 화신입니다. 관세음보살님이 이들 수많은 신들의 모습으로 나툴 수도 있으며, 아울러 인도의 수많은 신들이 관세음보살의 다른 이름이라고 해도 되겠습니다. 타 종교를 배제하지 않는 불교의 포용적인 자세를 잘 보여준다고 할 수 있습니다.

셋째, 한국불교의 특징을 잘 보여주는 경전이라고 하겠습니다. 선불교가 전래된 이래 한국불교는 선불교를 주요 종지로 삼아왔습니다. 또한 화엄사상이나 법화사상, 반야사상을 폭넓게 수용하는 통불교적 성격을 띠고 있습니다. 특히 다라니를 대폭 수용하는 등 밀교적인 요소도 수용하였으며, 정토사상도 깊이 받아들였습니다. 천수경에는 이러한 한국불교의 특징이 그대로 반영되어 화엄사상과 법화사상, 반야사상, 정토사상, 그리고 밀교사상이 녹아들어 있습니다.

넷째, 천수경은 우리 역사 속에서 고통받는 민중에게 위안을 주는 경전입니다. 우리나라 역사 속에서 관세음보살을 친견했다고 하는 신자들이 수도 없이 많은 것이 이를 웅변하며, 관세음보살을 친견하게 된 계기 또한 천수경이나 천수다라니 독송에 있었습니다. 천수경은 의식문이면서 영험한 기도문이기 때문입니다. 그리하여 우리나라 사찰에서는 곳곳에서 신묘장구대다라니 독송기도를 행하고 있습니다. 따라서 천수경은 신묘장구대다라니를 독송하면 관세음보살님의 가피가 있다는 것을 믿는 민중들의 염원이 잘 담겨 있는 경전이라고 하겠습니다.

다섯째, 천수경은 오랜 역사를 통해 성립된 경전인 만큼 기존 경전의 다라니 부분에 기도와 찬탄, 참회, 발원, 서원, 삼보에 대한 귀의를 함께 담은 독특한 구조의 경전입니다. 다시 말해 타력적인 기도와 자력적인 수행을 융합한 대승불교 본연의 모습을 잘 담고 있는 경전이라고 할 수 있는데, 그 구조적 특징에 대해서는 다음 페이지에서 다시 설명합니다.

천수경의 구조적 특징

첫째, 천수경은 서분이 아닌 '경을 여는 부분'으로 시작합니다. 불교 경전은 일반적으로 서분으로 시작하며 서분에는 경전의 시간적·공간적 배경과 설법자 및 청법자가 등장합니다. 그런데 천수경은 그러한 내용 없이 경을 여는 게송 및 진언으로 시작합니다.

둘째, 원(願)이 앞부분에도 있고 뒷부분에도 있습니다. 앞에 나오는 원은 별원이라 하고 뒤에 나오는 원은 총원이라고 합니다. 별원은 개별적이고 특수한 원이고, 총원은 전체적이고 보편적인 원입니다. 개별적인 신앙에서 보편적인 신앙으로 발전하는 전범을 보여주고 있는 것입니다.

셋째, 별귀의와 총귀의가 있습니다. 별귀의는 관세음보살님 및 여러 보살님들과 아미타부처님에 대한 귀의이며, 총귀의는 삼보에 대한 귀의입니다. 원과 마찬가지로 앞부분에서는 별귀의를 하고 마무리하면서 총귀의를 맹서합니다. 역시 보살님들에 대한 구체적인 귀의로부터 시작하여 삼보에 대한 총체적인 귀의로 이어지는 모습입니다.

넷째, 경의 중심에 다라니가 있습니다. 천수경은 애초에 다라니가 없었다면 성립될 수 없었습니다. 천수경은 전체적으로 다라니를 중심에 두고 그 앞뒤에 의식문을 배열하는 독특한 형식입니다.

다섯째, 경의 중심인 신묘장구대다라니 외에 준제진언을 중심으로 따로 독립시킬 수 있는 독특한 구조입니다. 준제진언 부분만 따로 독송하면서 기도할 수도 있다는 것입니다.

여섯째, 천수경은 불교의 기본적이면서 종합적인 예불과 기도를 한꺼번에 행할 수 있는 의식문입니다. 오늘날 일반적인 대중 법회는 삼귀의부터 시작해서 예불하거나 기도한 다음 법문 듣는 시간에 이어 최종적으로 사홍서원으로 마무리하는데, 그 구성이 천수경이라는 경전에 전체적으로 완성되어 있습니다. 그러므로 천수경만 독경해도 예불과 기도의 골격을 모두 갖추는 셈이 됩니다.

일곱째, 천수경은 불자의 수행법을 모두 구족하고 있습니다. 오늘날 대한불교조계종의 다섯 가지 수행법은 계율, 간경, 염불, 참선, 보살행 등인데, 천수경에 이들 수행법이 모두 망라되어 있어서 천수경을 제대로 실천하면 불교의 수행법을 모두 실천하는 셈이 됩니다.

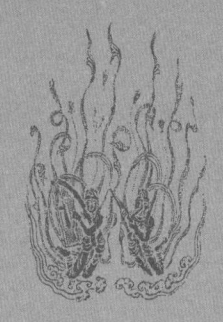

| 제 2 장 |

칭찬하는 연습이 필요합니다

●

개경과 다라니 계청

찬탄하는 마음이 세상을 맑힌다

말로 지은 업을 맑히는 진언

정구업진언(淨口業[6]眞言, 구업을 청정케 하는 진언)

수리수리 마하수리 수수리 사바하 (3번)

śrī[7] śrī mahāśrī suśrī svāhā[8]

쉬리- 쉬리- 마하-쉬리- 수쉬리- 스와-하-

---

6   업(業): ⓟ kamma, ⓢ karman, ⓔ action. 행위(行爲), 조작(造作), 작용(作用), 소작(所作) 등을 뜻함. 의지에 의한 심신(心身)의 활동 행위. 행위만이 아니라 행위의 여세(餘勢)까지 포함한다. 모든 업은 과보(果報)를 낳게 되며, 인과의 법칙은 어김없기 때문에 선업에는 낙과(樂果)가, 악업에는 고과(苦果)가 따르는 것은 피할 수 없다는 것이 업 사상의 핵심이다. [동] 갈마(羯磨), 검모(劍暮).

7   śrī: f.Sg.Nom. 길상(吉祥), 광휘, 아름다움, 번영, 행운, 영광, 위엄.

8   svāhā: su(좋다)+āhā(√ah [말하다]의 P.Pf(완료).Ⅲ.Sg.(과거완료 3인칭 단수). '원만성취하여지이다' 정도로 생각하면 됨.

길상이어라 길상이어라 대길상이어라 묘길상이어라 스와-하-
(좋구나 좋구나 얼씨구 좋구나 지화자 좋구나 사바하)

천수경을 열었습니다. 시작부터가 심상치 않지요. 구업을 맑히는 진언부터 시작하는 경전이 어디 또 있겠습니까? 진언은 범어로 만트라(mantra)인데 보통 짧은 것은 만트라, 긴 것은 다라니라고 하며, dhāraṇi는 '모두 지녀 가졌다'는 뜻에서 총지(總持)로도 번역됩니다. 진언(眞言)은 진실한 언어라는 뜻으로 일상적인 언어의 차원을 넘어 진리를 담고 있는 특별한 언어라는 의미를 담고 있습니다.

구업은 신구의(身口意) 삼업 중 하나로 말로 지은 업을 말합니다. 입으로 짓는 악업에는 악구(惡口, 악담 또는 나쁜 말), 양설(兩舌, 이간질하는 이중적인 말을 하는 것), 기어(綺語, 교묘하게 꾸며서 하는 말), 망어(妄語, 거짓말) 등이 있습니다.

천수경이 정구업진언으로부터 시작된다는 점에 우리는 주목할 필요가 있습니다. 그만큼 말로 지은 업이 막중하다는 것을 말해주는 것이기 때문입니다. 말로 악업을 짓지 말고 말로 선업을 지어보시기 바랍니다. 부드럽고 따뜻한 말, 남을 칭찬하는 말, 정직한 말 등은 선업을 짓는 말입니다. 선업을 짓는 말 또한 구업을 맑히는 말이 될 것입니다.

업에는 세 가지 종류(三業)가 있습니다. 몸으로 세 가지 업(身三業)을 짓고, 마음으로 세 가지 업(意三業)을 짓고, 그리고 입으로 네 가지

업(口四業)을 짓습니다. 이를 모두 합쳐 '열 가지 업(十業)'이라고 합니다. 나쁜 마음으로 짓는 열 가지 업을 '십악업(十惡業)'이라 하고, 착한 마음으로 짓는 열 가지 업을 '십선업(十善業)'이라고 합니다.

십악업을 살펴보겠습니다. 몸으로 짓는 세 가지 악업은 살생, 투도, 사음 등이며, 마음으로 짓는 세 가지 악업은 탐욕과 성냄과 어리석음이며, 말로 짓는 네 가지 악업은 거짓말, 꾸미는 말, 이간질하는 말, 악담이나 욕설 등 거친 말입니다.

정구업진언의 산스끄리뜨 원문을 살펴보겠습니다.
śrī śrī mahāśrī suśrī svāhā

śrī는 여성명사로서 길상(吉祥), 광휘, 아름다움, 번영, 행운, 영광, 위엄 등을 뜻합니다. 주격의 형태라고 볼 때 서술어라고 할 수 있겠습니다. 산스끄리뜨어나 빠알리어는 주어도 동사도 생략되는 경우가 많습니다. 여기서도 주어와 동사가 생략되어 있습니다.

mahā는 크다는 뜻이고, su는 좋다는 뜻입니다.

svāhā는 su(좋다)와 āhā가 합쳐진 말로 āhā는 동사 '말하다'(√ah)의 과거완료 3인칭 단수로서 '원만성취하여지이다' 정도로 생각하면 되는데, 따로 번역하지 않아도 되겠습니다.

따라서 이 문장의 뜻은 "길상이어라, 길상이어라, 대길상이어라, 묘길상이어라, 원만하여지이다" 정도로 볼 수 있겠습니다. 사바하는 번역하지 않는 것도 괜찮습니다.

번역해놓고 보니 좀 어색하지요. 진언은 번역할 수 없는 것은 아니지만, 일상적인 언어와는 다른 다의적인 의미를 포함하고 있다고 할 수 있습니다. 그래서 예부터 진언은 번역하지 않는 것을 원칙으로 했습니다. 그러나 그 뜻을 살펴보지 말라는 것은 아닙니다. 단지 번역하여 독송하는 것이 아니라 원문 그대로 독송한다고 생각하면 되겠습니다. 그것이 다의적인 의미의 진언이 훼손되지 않는 길일 테니까요.

어쨌든 구업을 맑히는 진언이 "길상이어라 길상이어라"라는 감탄 또는 찬탄이라는 것은 시사하는 바가 큽니다. 참으로 구업을 맑히는 방법은 특별한 것이 아니라 찬탄하는 것, 긍정적인 말을 하는 것입니다.

우리도 하루를 시작하면서, 또는 어떤 일을 시작하든 긍정적인 말을 하면서, 찬탄하면서 출발해보십시오. 그동안 잘못 쌓았던 업을 정화하는 효과가 있을 것입니다.

"길상이어라, 길상이어라, 대길상이어라, 묘길상이어라!"

찬탄하는 말은 세상을 맑힙니다.

천수경은 이렇게 시작부터 유쾌한 감탄으로부터 시작합니다. 유쾌한 마음으로 천수경을 여는 것은 곧 행복의 시작입니다.

찬탄하는 이는 신들이 돕습니다

오방내외안위제신진언(五方內外安慰諸神眞言, 오방내외 신중을 편안하게 모시는 진언)

나무 사만다 못다남 옴 도로 도로 지미 사바하 (3번)

namo⁹ samanta-buddhānām¹⁰ Oṁ turu¹¹ turu jimi¹² svāhā

나모 사만따 붓다-나암 옴 뚜루 뚜루 지미 스와-하-

항상하시는 부처님께 귀의하옵니다, 옴, 서두르소서, 서두르소서, 복종합니다, 스와-하-

(불멸의 부처님께 귀의하오니, 호법선신들이시여, 이 도량을 지켜주소서, 사바하)

오방(五方)이란 동서남북과 그 가운데를 말합니다. '오방의 모든 신들'이란 부처님과 그 가르침을 수호하는 신들을 말합니다. 즉 『화엄경』에 등장하는 '화엄성중'이 그들이지요. 화엄성중은 보통 사찰의 신중단에 모셔져 있지요. 화엄성중을 우리는 부처님과 부처님의

---

9   namo: namas/namaḥ의 연성. n.Sg.Nom. 귀의.
10 samanta-buddhānām: 복수/여격. 항상 계시는(시방삼세 상주일체) 부처님들께.
11 turu: √tur(달리다, 재촉하다)의 2인칭 명령형.
12 jimi: √ji(이기다/항복하다)의 1인칭 단수 현재형.

가르침과 승가, 그리고 부처님을 따르는 신도들을 지켜주는 호법선신(護法善神)이라고 부릅니다.

내외는 사찰 안과 밖을 말함이니 결국 사찰 주위의 모든 신들의 안위를 위한 진언이 오방내외안위제신진언입니다.

여기서부터 문법 설명은 각주로 처리합니다. 문법 사항보다는 그 뜻에 주목하시기 바랍니다. 뜻이 다의적일 수 있음도 감안하시구요.

글자 그대로 "항상하시는 부처님께 귀의하옵니다, 옴, 서두르소서, 서두르소서, 복종합니다" 정도로 해석할 수 있습니다.

이 진언은 내용상 '나무 사만다 못다남'과 '옴 도로 도로 지미 사바하'로 나눌 수 있는데요, 앞부분은 부처님께 귀의하겠다는 뜻이고, 뒷부분은 호법선신들에게 이 도량에 어서어서 강림할 것을 촉구하는 뜻입니다.

부처님께 귀의한다고 말한 직후에 호법선신을 청하는 이유는 무엇일까요? 호법선신들은 부처님께 귀의한 이들을 지켜주시기 때문입니다.

찬탄으로 마음을 깨끗이 하고, 부처님께 귀의한 후에, 신들에게 도움을 청하는 것으로 천수경 마음공부 준비는 일단락됩니다. 천수경 마음공부뿐만 아니라 마음공부 할 때는 언제나 이와 같은 순서를 밟는 것이 좋습니다.

경을 읽을 때는 언제나 찬탄하는 마음으로

개경게(開經偈, 경전을 펴는 게송)

무상심심미묘법 백천만겁난조우
無上甚深微妙法 百千萬劫難遭隅
위없이 심히 깊은 미묘한 법을
백천만 겁 지난들 어찌 만나리.

아금문견득수지 원해여래진실의
我今聞見得受持 願解如來眞實意
제가 이제 보고 듣고 받아 지니니
부처님의 진실한 뜻 알아지이다.

독경하기 전에 항상 읊는 게송입니다. 저는 이 게송을 읊을 때마다 항상 감개무량(感慨無量)합니다.

『대반야경』의 주석서인 나가르주나의 「대지도론(大智度論)」은 겁(劫)에 대해 다음과 같이 설명합니다. 사방이 1요자나(由旬, 약 15㎢) 되는 성 안에 겨자씨를 가득 채운 후, 100년에 한 알씩 집어내어 그 겨자씨가 다 없어지는 시간보다도 더 긴 시간(을 1겁이라고 합니다). 반석겁(盤石劫)의 비유에 의하면, 한 모서리 길이가 1요자나 되는 단단한 바위를 부드러운 면포(綿布)로 100년에 한 차례씩 닦아 바위가 완전히 닳아 없어지면 1겁이라고 합니다. 이를 계산해보면 43억 2천만 년이라고 하는데, 백천만 겁이라면 너무 과장된 것 같다는 생각이 들기도 하지만, 그만큼 부처님 가르침 만나기가 쉽지 않다는 것을 우리는 명심해야 하고, 부처님 법 만났음에 한량없는 감사의 마음을 가져야 합니다.

특히 경전을 독경할 때는 항상 이 게송을 먼저 읽고 부처님 법 만나는 것에 감사하는 마음으로 임해야겠습니다.

법장을 여는 진언

개법장진언(開法藏眞言, 법장을 여는 진언)

옴 아라남 아라다 (3번)

Oṁ āraṇam[13] ārata[14]

옴 아-라남 아-라따

옴, 심연을 환희합니다

(아, 깊고 깊은 진리의 세계여!)

---

13   āraṇam: n.Sg.Acc. 심연(深淵).
14   ārata: √ram(즐기다/기뻐하다)의 과거수동분사. Sg.Nom.

법장(法藏)이란 부처님 법의 창고라는 뜻입니다. 법장에는 경장, 율장, 논장이 있는데, 이를 삼장(三藏)이라고도 합니다. 삼장이란 경장(經藏, sutra-piṭaka)과 율장(律藏, vinaya-piṭaka)과 논장(論藏, abhidharma-piṭaka)을 아울러 일컫는 말입니다. 경(經, sutra)이라는 명칭이 붙는 불전들을 총칭하여 경장이라고 합니다. 경은 원칙적으로는 부처님의 설법을 위주로 하여 이루어진 성전에 붙이는 명칭이지만, 간혹 불제자가 주인공이 되는 성전도 경으로 불리는 경우가 있습니다. 율장은 계율의 제정과 실행에 관한 내용으로 이루어진 성전들을 일컫습니다. 논장은 불제자들이 경장과 율장에 속하는 성전들을 해설하거나 교리를 분석한 논서들을 일컫습니다.

경전을 읽을 때는 개경게와 더불어 개법장진언을 외고 시작하면 되겠습니다. 산스끄리뜨어 진언은 "심연을 환희합니다" 또는 "[경전의] 심연으로 환희로써 들어갑니다"라는 뜻입니다. 부처님 법의 깊고 깊은 세계로 들어가겠다는 환희로운 마음의 표현이지요. "아, 깊고 깊은 진리의 세계여!"라며 찬탄하는 것입니다.

여기까지 보면, 천수경을 여는 진언과 게송이 전반적으로 '찬탄'으로 이루어져 있음을 알 수 있습니다. 이는 찬탄이야말로 구업을 씻는 길이며, 찬탄이야말로 호법선신들의 도움을 받을 수 있는 길이며, 찬탄이야말로 경전의 깊은 진리의 세계로 들어갈 수 있는 길임을 은연중에 암시하고 있음입니다.

칭찬하는 연습이 필요합니다

광덕 큰스님은 보현행원의 실천을 서원하는 「보현행자의 서원」에서 다음과 같이 서원하셨습니다.

일체중생 모두가 또한 부처님 공덕을 모두 갖추었으니 일체중생이 갖춘 그 모든 공덕을 찬양하겠습니다. 겉모양이 비록 가지가지 중생상을 보일지라도 그것은 모두가 허망한 그림자이며 나를 위한 방편시현이십니다. 실로 모든 중생이 진정 중생이 아니며 부처님의 거룩하신 공덕을 구족하게 갖추고 있사옵니다. 지극히 지혜롭고 지극히 자비하고 온갖 능력 다 갖추었으며, 온갖 공덕 다 이루어 원만하고 자재하니 이것이 일체중생의 참모습이옵니다. 저희들은 이 모든 중생과 그가 지닌 한량없는 공덕을 찬양하겠습니다. 결코 중생이라 낮춰 말하지 않겠습니다. 비방하거나, 어리석다 하거나, 무능하다 하거나, 불행하다 하거나, 미래가 어둡다고 말하지 않겠습니다. 부처님께서 완전하심과 같이 일체중생이 원만한 덕성임을 믿사오며 그 모두를 항상 찬양하겠습니다.

_광덕 큰스님의 「보현행자의 서원-찬양분」에서

저는 "모든 부처님을 찬양하겠습니다"라는 보현보살의 두 번째 행원을 일상생활 속에서 "항상 칭찬하겠습니다"라는 서원으로 바꾸어 실천하고자 합니다. 우리들의 수행은 근본적으로 우리에게 부족한 부분을 보완하는 것이기도 합니다. 석가모니 부처님을 비롯하여 이미 크게 성취하신 성현을 찬탄하는 것은 불자라면 누구나 어느 정도는 실천하고 있습니다. 우리는 오히려 나와 가까운 인연을 칭찬하는 것에는 인색합니다. 하찮은 미물도 칭찬해야 하거늘 큰 공덕으로 인간세계에 온 이들을 칭찬하는 것은 마땅히 실천해야 할 일입니다.

우리는 경전을 통해 부처님께서 항상 계율을 지키고 훌륭한 질문을 하는 제자들을 칭찬하는 것을 봅니다. 부처님께 훌륭한 제자들이 유난히 많았던 것은 부처님의 칭찬 덕분이었습니다. 부처님께서는 잘못된 것은 명확하게 짚어주셨지만 핀잔하지 않으셨으며, 좋은 질문을 하면 "선재, 선재라"라는 칭찬으로 가르침의 문을 여셨습니다. 칭찬을 권고하는 자기계발서의 내용을 참고하여 칭찬에 관한 지침을 만들어보았습니다.

① 자기 자신을 칭찬합니다. 자신을 소중히 여기는 사람이 남도 칭찬하고 격려할 수 있습니다. 먼저 자기 자신의 좋은 점을 발견하여 스스로 칭찬하고 자신감을 가집시다.

② 칭찬할 일이 생기면 즉시 칭찬합니다. 우리는 보통 비난할 일은 잊지 않고 칭찬할 일은 쉽게 잊어버립니다. 칭찬할 일이 있으면

그 즉시 칭찬하여 시기를 놓치지 않는 것이 좋습니다.

③ 구체적으로 잘한 점을 분명하게 밝히면서 칭찬합니다.

④ 가능한 한 공개적으로 칭찬합니다. 누구나 다른 사람에게 인정받고 싶어 하는 마음이 있습니다. 따라서 공개적으로 칭찬을 받으면 그런 마음을 느끼게 해준 사람에게 진심으로 고마워하게 될 것입니다.

⑤ 결과보다는 과정을 칭찬합니다. 과정이 좋아도 결과가 반드시 좋을 수는 없습니다. 과정이 좋은 경우 언젠가는 좋은 결과를 만들어낼 수 있습니다. 과정을 칭찬하면 상대도 자신감을 갖고 노력하게 될 것입니다.

칭찬은 재물이 없어도 가능한 보시이며, 팔정도의 정어(正語)에 대한 적극적인 실천입니다. 윗사람의 칭찬은 아랫사람을 자신의 편으로 만드는 긴요한 방편이고, 아랫사람의 찬탄은 윗사람에게 호감을 주는 적극적인 방편입니다.

> 내가 남을 헐뜯으면 남도 나를 헐뜯고
> 내가 상대를 잊으면 상대도 나를 잊는다
> 내가 선행 베풀면 남들도 선행 베풀고
> 내가 강해지면 경쟁자들도 강해진다
> 毁人人亦毁 忘物物俱忘 我善人人善 我强物物强
> _ 괄허취여(括虛取如, 1720~1789), 「사람 때문에 느낀 바 있어(因人述懷)」

다라니에 대한 청을 열다

경전의 이름 및 다라니에 대한 청

천수천안관자재보살[15] 광대원만무애[16]대비심대다라니[17] 계청

千手千眼觀自在菩薩 廣大圓滿無碍大悲心大多羅尼[18] 啓請

천수천안 관음보살 광대하고 원만하며 걸림 없는 대비심의 다라니를 청하옵니다.

---

15 관세음(관자재): avalokiteśvara=avalokita(과거수동분사, 관/관찰)+iśvara(자재) 또는 avalokita+svara(음).

16 무애(無碍): ⓢ apratihata, ⓔ unimpediment. 無礙라고도 함. 자재롭게 통달하여 아무 걸림이 없는 것.

17 대다라니를 지니는 공덕: 여래장, 광명장, 자비장, 묘법장(일체 다라니문을 거두는 까닭), 선정장, 허공장, 무외장, 묘어장, 상주장(常住藏), 해탈장, 약왕장, 신통장.

18 대다라니의 다른 이름: 광대원만, 무애대비, 구고(救苦)다라니, 연수(延壽)다라니, 멸악취(滅惡趣)다라니, 파업장(破業障)다라니, 만원(滿願)다라니, 수심자재(隨心自在)다라니, 속초상지자재(速超上地自在)다라니.

이 대목에서 천수경의 원제(原題)가 나옵니다. 천수경의 원제는
『천수천안관자재보살광대원만무애대비심대다라니경』입니다. 신
묘장구대다라니의 다른 이름은 자동적으로 '천수천안관자재보살광
대원만무애대비심대다라니'가 되겠지요.

제목이 뜻하는 대로, 이 다라니는 천수천안관자재보살님의 광대
하고 원만하고 걸림 없는 대비심의 다라니입니다. 이는 '대비심이
라는 마음바탕 속에 전혀 걸림 없는 자유자재한 방편이 담겨 있는
다라니'라는 뜻이 됩니다.

범인들은 보통 자신의 일이 아니면 큰마음을 내기 힘듭니다. 대
비심을 발하기가 쉽지 않은 것이지요. 대비심을 발했다 하더라도
어려운 중생들을 도와줄 방편이 없어 속수무책인 경우가 허다하지
요. 그러나 관세음보살님은 무한한 자비심과 걸림 없는 방편력을
함께 지니신 분이십니다. 관세음보살님의 방편력을 그대로 담고 있
는 것이 바로 이 신묘한 다라니라는 것이 이 제목이 뜻하는 바가 되
겠습니다.

다라니에 대한 구체적인 청

계수관음대비주[19]

稽首觀音大悲主

자비로운 관세음께 절하옵나니

원력홍심상호신[20]

願力弘深相好身

크신 원력 원만 상호 갖추시옵고

천비장엄보호지[21]

千臂莊嚴普護持

천 손으로 중생들을 거두시오며

천안광명변관조

千眼光明遍觀照

천 눈으로 광명 비춰 두루 살피네.

김호성 교수는 이 부분을 "자비하신 관세음께 머리 숙이니 / 그 원력과 그 모습이 크고 깊어서 / 천수로써 보살핌도 두루 하오며 / 천안으로 비추심도 두루 하시네"라고 번역하였습니다. 두 가지 번

---

19 大悲呪로 되어 있는 경우도 있으나 大悲主가 맞다.
20 관세음보살님의 상호도 부처님과 마찬가지로 32상 80종호라고 한다.
21 장엄(莊嚴): ① 산스끄리뜨어 vyūha. 건설함. 건립함. 훌륭하게 배열·배치함. ② 엄숙하고 위엄이 있음. 엄숙과 위엄을 나타내기 위해 장식함.

역을 비교해보니 뜻이 좀 더 분명해지죠.

이 게송을 비추어볼 때 관세음보살님의 특징은 첫째, 원입니다. 관세음보살님의 원력은 모든 중생을 구제하는 것입니다. 그리하여 관세음보살님의 상호와 몸이 바뀝니다. 중생들을 구제하기에 적당하도록 '넓고 깊게' 바뀌는 것이지요. 둘째는 장엄입니다. 장엄을 위한 대표적인 관세음보살님의 상호가 천 개의 팔입니다. 천 개 팔의 장엄으로 널리 세상(중생)을 보호하는 것입니다. 그렇다면 장엄은 단지 장식이 아니지요. 이 세상(중생)을 구제하여 아름다이 가꾸는 것이야말로 진정한 장엄인 것이니까요. 셋째는 광명입니다. 광명을 위한 관세음보살님의 상호는 천 개의 눈입니다. 천 개 눈의 광명(밝음)으로 세상을 두루 비추어 관할 수 있습니다.[22]

진실어중선밀어

眞實語中宣密語

진실하온 말씀 중에 다라니 펴고

무위심내기비심

---

22 김호성, 『천수경의 비밀』, 민족사, 2005, 37~38쪽. 여기서 천안광명변관조와 천비장엄보호지를 반드시 순차적인 관계, 조건적인 관계로 볼 필요는 없다. 다시 말해 천안의 광명이 있어야만 천비의 장엄이 존재할 수 있는 것은 아니라는 것이다. 때로는 천안의 밝음만으로 어둠을 물리칠 수 있으며, 천안의 광명이 아니어도 천비의 장엄으로 세상을 보호할 수도 있음이다.

無爲心內起悲心

함이 없는 마음[23] 중에 자비심 내어

속령만족제희구

速令滿足諸希求

온갖 소원 지체 없이 이뤄주시고

영사멸제제죄업

永使滅除諸罪業

모든 죄업 길이길이 없애주시네.

  이 게송에 나타나는 관세음보살님의 역할은 네 가지입니다. 첫째, 진실한 말 속에서 비밀한 말을 나타내시며, 둘째, 함이 없는 마음속에 자비심을 일으키며, 셋째, 온갖 소원을 속히 이루게 해주시고, 넷째, 모든 죄업을 길이 멸해주시는 것입니다.

  진실한 말이란 두말할 것도 없이 진언이자 다라니입니다. 진언이나 다라니는 일상의 말처럼 뜻이 확연히 통하는 것은 아니지요. 그러기 때문에 자연스럽게 그것은 비밀한 말이 됩니다. 함이 없는 마음속에 자비심을 일으킨다는 것은 무위심으로 자비심을 일으킨다

---

23   '함이 없는 마음'은 아무 조건 없는 마음, 금강경의 '무주상(無住相)'에 해당한다.

는 것이지요. 무위심은 금강경에서 말씀하셨듯 '상에 머무르지 않는 마음'입니다. 상에 머무르지 않는 마음이므로 자비심을 냈다 해도 자비심을 냈다는 생각이 없고, 자비행을 베풀었어도 자비행을 베풀었다는 생각이 없습니다. 관세음보살님이 그런 상을 내면서 좋은 일을 했다면, 좋은 일을 끊임없이 할 수 없지요. 본전 생각 나서 어떻게 계속해서 좋은 일을 하겠습니까?

도가의 무위(無爲)와는 어떻게 다른지 궁금하십니까? 도가의 무위는 인위적인 힘을 가하지 않고 자연 그대로 두는 것을 말하는 것이지요. 도가의 무위는 아무 행위도 하지 않는 것을 선호하지만, 불교의 무위심은 행위는 하되 행위를 했다는 의식을 갖지 않는 것입니다. 확연히 구분되지요?

천룡중성동자호
天龍衆聖同慈護
천룡들과 성현들이 옹호하시고[24]

백천삼매돈훈수
百千三昧頓薰修

---

[24] 관세음보살님의 자비심이 지극하니 주위의 천룡이나 성현들이 함께 자비로 관세음보살님을 돕는다는 뜻.

백천 삼매[25] 한순간에 이루어지니

수지신시광명당
受持身是光明幢
이 다라니 지닌 몸은 광명당[26]이요

수지심시신통장
受持心是神通藏
이 다라니 지닌 마음 신통[27]장이라.

위 게송은 다라니를 지니는 공덕을 말하고 있습니다. 다라니를 지니게 되면 천과 용과 여러 성인들이 함께 자비의 마음으로 보호해주시게 되고, 백천 가지 삼매를 순식간에 닦게 되거나 시나브로

---

25 삼매: ⓟ samādhi, ⓢ samādhi, ⓔ perfect absorption. 사마디의 음역. 들뜨거나 가라앉은 마음을 모두 떠나 평온한 마음을 견지하는 것. 산란함 없이 집중된 마음의 상태를 뜻함. 불교에서 수행을 통해 얻고자 하는 지혜는 흩어짐이 없이 편안하고 고요한 마음의 상태에서 비롯되므로, 삼매의 상태는 매우 중요하다고 강조한다. 선원(禪院)에서 스님들이 좌선(坐禪)하거나 선정(禪定) 수행을 닦는 것도 궁극적으로는 삼매를 통해서 깨달음을 얻기 위한 것이다. [동] 삼마지(三摩地), 삼마제(三摩提), 등지(等持), 정(定), 정수(正受), 정심행처(正心行處).

26 광명당: 광명의 깃발. 경전의 공덕은 사경하고 숙지하고 독송하는 등 세 가지를 통해 발현되는데, 여기에 남을 위해 해설하는 것을 더하면 최상이다.

27 신통(神通): ⓟ abhiññā, ⓢ abhijñā ; prabhāva, ⓔ supernatural abilities. 범부의 인식으로는 헤아릴 수 없으며, 불가사의하고 무애 자재한 능력. [동] 신통력(神通力), 신력(神力), 통력(通力), 순(旬). [약] 통(通).

닦게 되며, 다라니를 지닌 몸은 광명의 깃발이요, 다라니를 지닌 마음은 신통의 창고입니다.

다라니를 지니는 공덕을 다시 정리하면 첫째, 천룡팔부의 도움을 받게 되고, 둘째, 각종 삼매를 빠르게 얻을 수도 있고 천천히 얻을 수도 있으며, 셋째, 세상을 밝히는 밝은 등불이 될 수 있으며, 넷째, 그 마음이 무한한 능력을 갖추게 됩니다.

이 중 천수경의 다른 부분에서는 특별히 강조되지 않는 삼매(三昧, Samādhi)에 대해서 더 생각해봅니다. 삼매는 마음이 한 가지에 집중되어 지극히 고요해진 상태를 말합니다. 지극히 고요해진 상태를 정(定)이라고 하는데, 불교에서 배우는 세 가지 배움, 즉 삼학(三學) 중에서 정학(定學)에 해당합니다.

천수경에서는 삼매를 특별히 강조하고 있지 않은데, 사실은 삼매가 우리나라 불자들에게는 아주 중요합니다. 한국 불자들은 대체로 계학이나 혜학은 열심히 닦는 반면 정학은 잘 닦지 않는데, 바지런한 성격의 한국 불자들에게 가장 부족한 면이 바로 정학입니다. 정학을 닦게 되면 갖가지 생각을 내려놓고 마음을 고요하게 할 뿐만 아니라, 한 가지 일에 집중할 수 있게 됩니다.

다라니 독송의 매우 큰 공능이 삼매의 증득에 있음도 우리는 알아야 합니다. 지극한 마음으로 다라니를 오래 독송하게 되면, 잡다한 생각이 사라져서 삼매에 들어갈 수 있게 됩니다.

『천수천안관세음보살광대원만무애대비심다라니경』에 나오는 다라니 독송의 열 가지 이익이 있습니다. ① 모든 중생이 안락을 얻는다, ② 모든 병이 낫는다, ③ 오래 산다, ④ 부자가 된다, ⑤ 모든 악업과 중죄를 소멸시킨다, ⑥ 장애와 어려움을 여의게 된다, ⑦ 모든 선행과 공덕을 더욱 많이 짓게 된다, ⑧ 모든 선근을 성취하게 된다, ⑨ 모든 두려움을 여의게 된다, ⑩ 모든 구하는 바를 속히 이루게 된다 등이 그것입니다.

또한 다라니를 독송하면 다음과 같이 열다섯 가지 나쁜 죽음을 당하지 않습니다. ① 굶어 죽지 않는다, ② 사형당하지 않는다, ③ 원수로부터 죽임을 당하지 않는다, ④ 전쟁터에서 전사하지 않는다, ⑤ 짐승에게 물려서 죽지 않는다, ⑥ 독사 등에 물려서 죽지 않는다, ⑦ 물에 빠져 죽거나 불에 타 죽지 않는다, ⑧ 독극물에 의해서 죽지 않는다, ⑨ 독충에 물려서 죽지 않는다, ⑩ 정신착란으로 죽지 않는다, ⑪ 산이나 절벽에서 추락해 죽지 않는다, ⑫ 나쁜 사람이나 도깨비한테 홀려서 죽지 않는다, ⑬ 사악한 신이나 악귀에 의해서 죽지 않는다, ⑭ 나쁜 병에 걸려서 죽지 않는다, ⑮ 때 아닐 때 죽지 않고 자살하지 않는다 등이 그것입니다.

아울러 다라니를 독송하면 열다섯 가지 훌륭한 삶을 살게 됩니다. ① 민주적인 정치 지도자가 정치하는 곳에서 살게 된다, ② 윤리적으로 선량한 나라에서 살게 된다, ③ 평화롭게 살게 된다, ④ 선지식을 만날 수 있다, ⑤ 언제나 정상적인 신체로 건강하게 산다,

⑥ 깨닫고자 하는 마음이 견고하게 된다, ⑦ 계율을 잘 지킨다, ⑧ 가족들이 서로 사랑하고 화목하다, ⑨ 음식이나 의복 등 원하는 것을 풍족하게 소유하게 된다, ⑩ 언제나 다른 사람의 공경을 받는다, ⑪ 재물을 도둑맞지 않는다, ⑫ 원하는 바를 모두 이루게 된다, ⑬ 신중들이 항상 옹호한다, ⑭ 언제나 불교가 흥하는 곳에서 살게 된다, ⑮ 올바른 법을 듣고 그 깊은 이치를 깨닫게 된다 등이 그것입니다.

다라니의 기원은 보통 불수념(佛隨念, Buddhānussati)이나 보배경, 행복경, 자애경을 염송한 것에서 찾습니다. 『법구경』 79송은 불수념으로 깊은 강을 건너 출가한 마하깝비나 왕과 아노자 왕비의 이야기와 관련된 게송입니다.

마하깝비나 왕은 부처님께서 이 세상에 오셨다는 소식을 듣고 신하 천 명과 함께 출가하기 위해 아빠랏차 강과 닐라와하나 강, 그리고 짠다바가 강을 건너야 했습니다. 그때 왕은 첫 번째 강은 불수념으로, 두 번째 강은 법수념으로, 세 번째 강은 승수념으로 가볍게 건넙니다.

마하깝비나 왕이 불수념, 법수념, 승수념으로 강을 건널 때의 마음은 오직 부처님과 법과 승가에 대한 굳건한 믿음이었습니다. 대비주를 외는 마음도 마하깝비나 왕이나 아노자 왕비 같은 마음이어야 합니다.

세척진로[28]원제해

洗滌塵勞願濟海[29]

모든 번뇌 씻어내고 고해를 건너

초증보리방편문

超證菩提方便門

보리도의 방편문을 얻게 되오며[30]

아금칭송서귀의

我今稱誦誓歸依

제가 이제 지송하고 귀의하오니

소원종심실원만

所願從心悉圓滿

온갖 소원 마음 따라 이뤄지이다.

다시 한번 직역해보겠습니다. "번뇌를 씻어서 원하옵나니, [고통의]

28　진로(塵勞): 온갖 고통, 눈물, 불안, 수고로운 것, 부정적인 것을 말하는 것으로 다른 말로 표현하면 번뇌이다.
29　달리 번역하면, "번뇌를 씻어서 [고통의] 바다를 건너지이다"가 될 수 있다.
30　'깨달음의 방편문을 한꺼번에 성취한다'는 의미.

바다를 건너 보리의 방편문을 증득하여지이다. 제가 지금 칭송하고 귀의하오니, 원하는 바 마음대로 모두 원만하게 이루어지이다."

이 게송은 관세음보살님에 대한 사룀(啓請)을 마무리하여, 앞에서 나열했던 내용들을 줄여서 정리하였습니다. 결국 지금까지 나열했던 소원들은 모두 모든 번뇌를 씻어서 고통의 바다를 건너 보리의 방편문을 얻기 위한 것이었습니다.

방편은 범어 upāya의 역어로, 『화엄경』에서 설하는 십바라밀 중에서 일곱 번째 바라밀입니다. 부처님과 보살들이 중생들을 교화하기 위해 베푸는 여러 가지 형태의 수단을 말합니다. 중생을 교화함에는 그 근기에 따라 방법을 달리해야 합니다. 예를 들어 굶주림에 지친 전쟁터의 중생과 향락에 빠진 중생을 교화할 때, 또는 불자가 되기 위해 기본교육을 받는 이를 교화할 때는 분명 서로 다른 방법을 써야 하는 것입니다. 방편바라밀은 이렇게 중생의 근기와 뜻에 따라 몸을 나투어 중생을 교화하는 행으로, 어떤 곳이나 어떤 경우라도 마음에 염착을 두지 않고 자비심을 베풀어 끝내는 성불에 이르게 하는 대비무착심의 생활관을 말합니다.

『화엄경』「명법품(明法品)」에는 "온갖 세간에서 짓는 업을 일부러 나타내며, 중생을 교화함에 게으르지 아니하며, 그들이 즐겨 함을 따라 몸을 나타내며, 모든 행하는 일에 물들지 아니하며, 혹은 범부를 나타내고 혹은 성인의 행하는 행을 나타내며, 혹은 생사를 나타내고 혹은 열반을 나타내며, 모든 지을 것을 잘 관찰하며, 온갖 장엄하는 일을 나타내면서도 탐착하지 아니하고, 모든 갈래에 두루 들어가 중생을 제도하나니, 이것이 곧 방편 바라밀다를 청정하게 함이니라"[31]라고 하였습니다. 여기서 중요한 것은 "온갖 장엄하는 일을 나타내면서도 탐착하지 아니한다"는 것입니다. 그것이 바로 청정한 방편바라밀의 실천입니다.

우리는 훌륭한 보살행을 한 후 그 대가를 바라다가 결국 일생을 그르친 이를 여러 번 보았습니다. 방편바라밀이 매우 중요하다면, 그 바라밀에 따르는 공덕에 탐착하지 않는 것 또한 매우 중요합니다.

소원종심실원만을 직역하면 "원하는 바가 마음대로 모두 원만하여지이다"입니다. 관세음보살님에 대한 신앙은 타력신앙임에 틀림없습니다. 그럼에도 다른 종교의 태도와는 사뭇 다릅니다. 원하는 바가 신의 뜻대로 이루어지는 것이 아니라, 나의 마음대로 이루어질 것을 바라는 것이 불자의 태도입니다. 타력신앙임에도 결국에는 '일체유심조'를 바탕에 두고 있음입니다. 여기서 마음은 당연히 탐진치에 물든 마음이 아니라 청정한 마음입니다. 다시 말해 어떤 소원이든 이루어지는 것이 아니라 청정한 마음의 발로에서 비롯된 소원만이 이루어지는 것입니다.

---

[31] 『大方廣佛華嚴經』卷10「明法品14」:「示現一切世間威儀, 教化眾生心無憂慼. 隨其所應示現其身, 一切所行, 心無染著. 示現童蒙黠慧所行;示現生死及解脫門, 善能分別諸方便行;示現無量諸莊嚴事, 能入一切諸生趣中, 了解一切眾生所行; 是名清淨方便波羅蜜」(T09, p.461, a14-19)

나의 마음대로 이루어진다는 점에 우리는 큰 자부심을 가져도 좋습니다. 내가 원하는 만큼, 원한 바를 행한 만큼 이룰 수 있다는 것이니까요. 내가 열심히 기도해도 신이 응답하지 않으면 소용없는 것이 아니라, 내가 열심히 기도하고 성취하기 위해 스스로 노력하면 그 기도가 반드시 성취된다는 것이 이 게송이 뜻하는 바입니다.

정구업진언과 마음공부

"길상이어라 길상이어라 대길상이어라 묘길상이어라 사바하"

하루 일과를 마치면서 귀가하는 길, 이렇게 외면서 집으로 가자! 오늘 하루 지은 구업일랑 이 주문에 모두 녹아 없어지이다! 기도하면서 "수리 수리 마하수리 수수리 사바하"를 외칩시다.

출근하면서, 학교에 가면서, 하루를 시작하면서 외쳐봅시다. "길상이어라 길상이어라 대길상이어라 묘길상이어라 사바하"라고 외면서 하루를 시작하면, 그날 하루는 그야말로 빛나는 시간이 될 것입니다.

내 인생의 성공은 구업을 맑히는 것에 있음을 명심하고, 구업을 짓지 않도록 애쓰는 한편, 이미 지은 구업을 청소하는 일에도 힘을 기울여야 합니다.

중요한 것은 자기 자신의 몸과 느낌과 마음을 알아차리는 것입니다. 내가 무슨 말을 하고 있는지를 분명하게 자각하는 것입니다. 내가 무슨 말을 하는지 항상 분명하게 자각하는 가운데 말한다면, 입으로 악업을 짓는 것을 막을 수 있습니다.

요즘에는 구업을 입으로만 짓지 않습니다. SNS를 통해서도 많은 구업을 짓습니다. SNS로 메시지를 보낼 때는 바로 보내지 말고 임시로 저장해놓을 필요가 있습니다. 특히 남을 비판하는 말을 할 때는 신중하게 합시다. 내가 남을 비판하는 만큼 남도 나를 비판할 수 있음을 명심합시다.

눈을 감고 내 마음을 들여다보면서, 오늘 하루 했던 말들을 반추해봅니다. 그 말들을 쏟아낸 이는 누구인가? 그 말들을 쏟아내게 한 이는 누구인가? 이 뭣고?

제3장

불보살님께
귀의하여
마음을 내려놓자

●

발원과 귀의

열 가지 발원

나무대비관세음 원아속지일체법
南無大悲觀世音 願我速知一切法
자비하신 관세음께 귀의하오니
일체법을 어서 속히 알아지이다.

나무대비관세음 원아조득지혜안
南無大悲觀世音 願我早得智慧眼
자비하신 관세음께 귀의하오니
지혜의 눈 어서어서 얻어지이다.

나무대비관세음 원아속도일체중
南無大悲觀世音 願我速度一切衆
자비하신 관세음께 귀의하오니

모든 중생 어서 속히 건네지이다.

나무대비관세음 원아조득선방편
南無大悲觀世音 願我早得善方便
자비하신 관세음께 귀의하오니
좋은 방편 어서어서 얻어지이다.

나무대비관세음 원아속승반야선
南無大悲觀世音 願我速乘般若船
자비하신 관세음께 귀의하오니
지혜의 배 어서 속히 올라지이다.

나무대비관세음 원아조득월고해
南無大悲觀世音 願我早得越苦海
자비하신 관세음께 귀의하오니
고통 바다 어서어서 건너지이다.

나무대비관세음 원아속득계정도
南無大悲觀世音 願我速得戒定道
자비하신 관세음께 귀의하오니
계정혜를 어서 속히 얻어지이다.

나무대비관세음 원아조등원적산
南無大悲觀世音 願我早登圓寂山
자비하신 관세음께 귀의하오니
열반 언덕 어서어서 올라지이다.

나무대비관세음 원아속회무위사[32]
南無大悲觀世音 願我速會無爲舍
자비하신 관세음께 귀의하오니
무위집에 어서 속히 들어지이다.

나무대비관세음 원아조동법성신
南無大悲觀世音 願我早同法性身
자비하신 관세음께 귀의하오니
진리의 몸 어서어서 이뤄지이다.

불자의 신행생활에서 참으로 중요한 것이 바로 원(願)입니다. 원은 일종의 목표와도 같은 것이지요. 원은 범어 praṇidhāna의 역어입니다. 원(願)이란 보살이 실천해나갈 일종의 설계도로서, 나는 이

---

32 무위사(無爲舍): 함이 없는 집. 무위의 집.

렇게 살겠다는 '다짐'과 같은 것입니다.『화엄경』에 등장하는 대표적인 '원'은 보현보살의 십대행원입니다.『화엄경』의「보현행원품」에서 보이는 보현보살의 십대행원에 의해 보현보살은 보살행을 실천하는 진정한 보살이라 하겠습니다.

『화엄경』「명법품」에는 "끝까지 일체중생을 성취하며, 끝까지 일체 세계를 장엄하며, 끝까지 일체 부처님들께 공양하며, 끝까지 장애 없는 법을 통달하며, 법계에 가득한 행을 끝까지 수행하며, 오는 세월이 끝나도록 몸이 항상 머물며, 지혜로 온갖 마음을 끝까지 알며, 흘러 헤매(流轉)고 도로 멸함(還滅)을 끝까지 깨달으며, 일체 국토를 끝까지 나타내고, 여래의 지혜를 끝까지 증득하려 하나니, 이것이 곧 원(願) 바라밀다를 구족함이니라"[33]라고 하였습니다.

중생들은 굳은 결심을 하지 않으면 자신의 의지를 실천하기가 쉽지 않습니다. 그 중생이 보살이 되어 보살행을 실천하기 위해서는 '원'이 대단히 중요할 수밖에 없습니다. 이 원바라밀을 통해 자신을 끊임없이 점검할 수 있기 때문입니다. 예를 들어 보살이 인도의 불가촉천민들을 교육시켜 사람답게 살게 하고 싶다는 생각을 했다면, 그는 목표한 보살행을 실천하기 위해 여러 가지 원을 세워야 할 것

---

33 『大方廣佛華嚴經』卷10「明法品14」:「究竟成就一切眾生, 究竟嚴淨一切世界, 究竟供養一切如來, 究竟解達諸法真實而無障礙, 究竟修行具足法界, 究竟未來劫住世如須臾頃, 究竟未來劫猶如一念, 究竟解達一切成壞, 究竟示現一切佛刹, 究竟逮得諸佛智慧, 是名具足願波羅蜜」(T09, p.461, a19-25)

입니다. 이처럼 원바라밀은 현대사회에서 보살행을 실천하기 위해 그야말로 긴요한 바라밀입니다.

위 부분은 천수경에서 별원이라고 하는 부분의 10원에 해당합니다. 열 가지 원이라는 뜻이지요.

첫째, 일체의 모든 법을 빨리 알기를 원합니다. 초기불교에서 일체법은 5온, 12처, 18계로 요약되는데, 이는 '세계'에 대한 분석에 해당합니다. 첫 번째 원에서 일체의 모든 법은 부처님께서 설파하신 모든 진리를 뜻합니다.

둘째, 지혜의 눈을 어서 얻기를 원합니다. 지혜의 눈은 세상을 바로 보는 눈을 말하는 것으로 팔정도의 정견과 같은 것으로 이해할 수 있겠습니다. 불교의 실천은 세상을 바로 보는 눈으로부터 시작합니다. 바로 보는 눈을 가지지 못하면 아무리 큰 원과 노력이 있어도 바른 성취는 있을 수 없습니다.

셋째, 모든 중생들을 빨리 제도하기를 원합니다. 중생의 고난, 어려움, 불행 등의 문제를 해결해주리라는 원입니다.

넷째, 좋은 방편을 어서 얻기를 원합니다. 방편은 강을 건너기 위한 뗏목과 같은 것입니다. 강을 건너기를 원한다 하더라도 그 방편에 해당하는 뗏목이나 다리가 없다면 강을 건널 수 없습니다. 따라서 원을 성취하기 위해서는 반드시 방편이 있어야 합니다.

다섯째, 반야의 배에 빨리 오르기를 원합니다. 49재를 지낼 때 '반야용선(般若龍船)'이라고 해서 종이로 작은 배를 만들어 달아놓는 경우가 있지요. 지혜의 배를 타고 열반의 언덕에 가닿기를 바라는 마음의 발로입니다. 반야의 배는 곧 반야바라밀이라 할 수 있겠습니다.

여섯째, 괴로움의 바다를 어서 건너가기를 원합니다. 괴로움의 바다는 곧 윤회의 굴레입니다. 윤회의 굴레로부터 벗어나기를 바란다는 뜻이지요.

일곱째, 계정도를 빨리 얻기를 원합니다. 계정도는 곧 계정혜 3학입니다. 계를 잘 지키면 마음의 안정을 얻어 정의 세계에 도달할 수 있고, 정을 성취하면 지혜도 열리게 됩니다.

여덟째, 원적산에 어서 오르기를 원합니다. 원적산은 철저히 고요해진 자리, 곧 열반입니다. 온갖 번뇌를 여읜 경지입니다.

아홉째, 무위의 집을 빨리 만나기를 원합니다. 무위의 집이란 훌륭한 일을 하고서도 훌륭한 일을 했다는 상이 없는 경지를 말합니다.

열째, 법성의 몸과 어서 하나 되기를 원합니다. 법성은 곧 진리이니, 진리의 몸과 하나 되기를 원한다는 뜻입니다. 진리의 몸과 하나 됨은 곧 성불이지요. 우리가 불교를 공부하는 궁극적인 목적은 성불이요, 이 세상의 불국토화입니다. 세상의 불국토화를 위해서는 성불하겠다는 원을 세우는 것이 당연합니다.

악도에 떨어진 중생들을 위한
여섯 가지 발원

아약향도산 도산자최절

我若向刀山 刀山自摧折

칼산지옥 제가 가면

칼산 절로 꺾여지고

아약향화탕 화탕자소멸

我若向火湯 火湯自消滅

화탕지옥 제가 가면

화탕 절로 사라지며

아약향지옥 지옥자고갈

我若向地獄 地獄自枯渴

지옥세계 제가 가면

지옥 절로 없어지고

아약향아귀 아귀자포만

我若向我歸 我歸自飽滿

아귀세계 제가 가면

아귀 절로 배부르며

아약향수라 악심자조복

我若向修羅 惡心自調伏

수라세계 제가 가면

악한 마음 선해지고

아약향축생 자득대지혜

我若向畜生 自得大智慧

축생세계 제가 가면

지혜 절로 얻어지이다.

별원 중에서 6향에 해당합니다. 6향이란 여섯 곳으로 향함을 뜻하는데, 여섯 곳으로 향할 때마다 원이 있습니다. 첫 번째, 도산지옥에서는 칼산이 스스로 부러지기를 원하며, 화탕지옥에서는 화탕이 소멸되기를 원하며, 지옥에서는 지옥이 없어지기를 원합니다. 배고픔의 세계인 아귀도를 향할 때는 아귀들이 배가 부르기를 원하며, 싸움이 만연한 수라도를 향할 때는 악한 마음이 항복되기를 원하며, 축생도를 향할 때는 어리석음이 사라지고 큰 지혜 얻기를 원합니다.

여러 보살님과
아미타 부처님에 대한 귀의

나무관세음보살마하살

南無觀世音菩薩摩訶薩

나무대세지보살[34]마하살

南無大勢至菩薩摩訶薩

나무천수보살마하살

南無千手菩薩摩訶薩

34 　관세음보살과 대세지보살은 아미타부처님의 좌우보처(補處) 보살로서 아미타부처님을 도와서 뭇 중생을 정토세계로 인도하시는 분들이다. 관세음보살은 자비를 상징하고, 대세지보살은 위덕(威德)을 상징한다. 관세음보살이 모성의 현현이라면, 대세지보살은 부성의 현현이다.

나무여의륜보살[35]마하살

南無如意輪菩薩摩訶薩

나무대륜보살마하살

南無大輪菩薩摩訶薩

나무관자재보살마하살

南無觀自在菩薩摩訶薩

나무정취보살[36]마하살

南無正趣菩薩摩訶薩

나무만월보살마하살

南無滿月菩薩摩訶薩

나무수월보살마하살

南無水月菩薩摩訶薩

---

[35] 여의는 관세음보살의 위신력이 하지 못함이 없음을 말하며, 륜은 법륜을 의미한다.
[36] 정취보살: 극락 또는 해탈의 길로 빨리 들어서게 한다는 보살. 산스끄리뜨어로는 아난야가민(Ananyagamin)이라고 하며, '다른 길로 가지 않는다'는 뜻이다. 목표를 향하여 묵묵히 걸어간다고 해서 무이행보살(無異行菩薩)이라고도 한다. 『화엄경』「입법계품」에 선재동자가 53명의 선지식을 만날 때 29번째로 등장한다.

나무군다리보살[37]마하살

南無軍茶利菩薩摩訶薩

나무십일면보살[38]마하살

南無十一面菩薩摩訶薩

나무제대보살마하살

南無諸大菩薩摩訶薩

나무본사아미타불 (3번)

南無本師阿彌陀佛

불교 초심자들이 불교를 어려워하는 이유 중 가장 큰 비중을 차지하는 것이 무엇인지 아십니까? 불교는 귀의 대상이 너무 많다는 것입니다. 천수경에 나오는 불보살님만도 너무 많지요. 불보살님뿐만 아니라 신중들까지 있습니다. 도대체 이 많은 불보살님들과 신들을 어떻게 기억하고 모셔야 한단 말입니까? 이것이 초심자들이 적응하기 힘든 이유 중 하나입니다.

37　군다리보살: 보병(寶甁)을 들고 일체고액을 제도해주는 보살.
38　11면: 앞쪽 3면은 자비의 얼굴, 왼쪽 3면은 분노의 얼굴, 오른쪽 3면은 흰 이가 솟아나온 얼굴, 뒤쪽 1면은 크게 웃는 얼굴, 정상은 부처님의 얼굴이다.

그렇습니다. 불교에는 수많은 불보살님들이 등장하고 게다가 천룡팔부 신중님들까지 등장하여 일일이 기억하기조차 힘듭니다. 그러나 그런 이유 때문에 불교를 어려워할 필요는 없습니다. 중생들이 많은 만큼 그들이 필요로 하는 불보살님들도 많을 수밖에 없다고 이해하시면 됩니다. 우리가 만나는 모든 사람들을 기억할 수 없듯이 불보살님도 모두 기억할 수는 없을 것입니다. 우리가 만나는 수많은 사람들 중에서 자주 만나는 사람을 기억하듯이 불보살님의 경우도 자주 접하는 불보살님을 기억하시면 됩니다.

관세음보살은 보통 6관음으로 표현되어 여섯 가지 이름을 함께 가집니다. 6관음은 아귀를 구제하는 성관음(聖觀音)이 본신이고, 지옥중생을 구제하는 천수관음(千手觀音), 축생을 구제하는 마두관음(馬頭觀音), 아수라의 중생을 구제하는 십일면관음(十一面觀音), 인간의 고통을 구제하는 준제관음(准提觀音), 천상의 고통을 구제하는 여의륜관음(如意輪觀音) 등이 그것입니다.

그러나 관세음보살님은 6관음으로 그치지 않습니다. 관세음보살님은 중생의 필요에 따라 여러 가지 몸으로 나툰다 했습니다. 「관세음보살보문품」에는 33가지 몸으로 나투신다고 했습니다. 그렇다면 33가지 이름이 추가될 수 있겠지요. 33가지도 엄밀히 말하면 예를 든 것이고, 관세음보살님은 훨씬 더 많은 몸으로 나투십니다. 오늘날에는 로봇이나 인조인간 같은 모습으로 나투실 수도 있을 것입니다. 그러면 그때마다 새로운 이름이 주어질 것입니다. 그 수많은 보살님은 관세음보살님과 동일하게 여겨지기도 하고, 다른 보살님으로 볼 수도 있습니다.

'별귀의'에서 우리가 귀의하는 보살님도 그렇게 이해하시면 되겠습니다. 관세음보살님의 다른 이름이라고 이해해도 좋고, 관세음보살님과는 다른 보살님이라고 이해해도 좋겠습니다. 이를테면 여기서 우리가 귀의하는 보살님들의 정체성이 중요한 것은 아니라는 것이지요. 정체성이 중요하지 않기 때문에 몇몇 보살님을 열거하고는 마지막에 나머지 모든 보살(제대보살)님께도 귀의한다고 줄이는 것이지요.

모든 기도는 '귀의'로부터 출발합니다. 귀의한다는 것은 자기 생각을 내려놓고 귀의의 대상에 온전히 의지한다는 뜻입니다. 귀의의 대상은 불법승 삼보, 여러 보살님들, 호법선신들입니다. 『천수경』에서 말미에 나오는 불법승 삼보에 대한 귀의는 실질적으로 모든 귀의를 포괄하고 있으므로 총귀의(總歸依)라고 하고, 이 절에 나오는 관세음보살님을 비롯한 여러 보살님들, 그리고 아미타 부처님에 대한 귀의는 별귀의(別歸依)라고 하는데, 이 명칭이 중요한 것은 아닙니다.

귀의와 마음공부

　마음공부할 때 가장 중요한 것은 무엇일까? 자기 자신을 내려놓고 자기 자신에게 집착하지 않는 것입니다. 『반야심경』의 첫 문장을 생각해봅니다.
　"관자재보살이 깊은 반야바라밀다를 행할 때 오온이 공한 것을 비추어보고 온갖 고통에서 건너느니라."
　위 문장 중에 생략된 부분이 있습니다. 그것을 채워서 적어보겠습니다.
　"관자재보살이 깊은 반야바라밀다를 행할 때 오온이 공한 것을 비추어보고 (집착으로부터 벗어나) 온갖 고통에서 건너느니라."
　온갖 고통에서 건넌 이유는 집착으로부터 벗어났기 때문이고, 집착으로부터 벗어날 수 있었던 동력은 오온이 공한 것을 비추어보았기 때문이고, 오온이 공한 것을 비추어볼 수 있었던 이유는 깊은 반야바라밀다를 행했기 때문입니다. 오온이 공한 것을 비추어보았다는 구절에 이미 포함되어 있어서 생략된 부분이 바로 '집착으로부터 벗어나'입니다. 집착으로부터 벗어나는 방법으로 여기서는 오온이 공한 것을 비추어보는 것을 추천하고 있지만, 오온이 공한 것을 비추어보려면 몸과 느낌과 마음을 관하는, 또는 깊은 반야바라밀다를 행하는, 쉽지만은 않은 수행이 필요하지요. 그런데 몸과 느낌과 마음을 관하거나 깊은 반야바라밀다를 행하는 방법보다 훨씬 쉬운 방법이 있으니, 바로 '귀의'입니다.

귀의를 위해서는 첫째, 하심해야 하고, 둘째, 그럼에도 불구하고 자기 자신을 비하하지 않아야 하며, 셋째, 대상에 대한 진실한 믿음과 존경, 전적인 귀명(歸命)이 필요합니다. 하심하면서도 자신을 비하하지 않고, 존경해야 할 대상에 귀명하는 것, 그보다 더 좋은 마음공부가 있겠습니까? 그보다 더 훌륭하게 자신을 내려놓는 방법은 없을 것입니다.

귀의의 대상, 즉 부처님이나 보살님, 신장님들에게 기도했을 경우, 소망하는 바가 이루어지지 않았을 때는 어떻게 해야 할까요? 한 번 기도하여 안 되면, '이 불보살님은 영험이 없어!', '기도해보았자 소용없어!' 하는 이는 소원을 이루기 쉽지 않습니다. 그저 기도하는 것에 목적을 두고, 어떤 결과가 나와도 감사하는 마음을 갖는 이는 설사 본인이 원하는 대로 이루어지지 않았다 하더라도 불행해지지 않을 것입니다.

제4장

다라니에 의지하여
마음을
내려놓자

•

신비롭고 미묘한 어귀로 이루어진 대다라니

신묘장구대다라니를 만든 수많은 이야기

드디어 고대하던 '다라니'에 도착했습니다. 제목은 글자 그대로 '신비롭고 미묘한 글귀이자 위대한 다라니'라는 뜻이지요.

삼보에 대한 귀의

나모 라다나 다라야야
Namo ratna-trayāya³⁹
나모 라뜨나 뜨라야-야
삼보님께 귀의합니다.

---

39 남성명사/단수/여격. 삼보님께.

다라니는 삼보에 대한 귀의로부터 시작합니다. 삼보는 굳이 설명할 필요가 없을 것입니다. 불보, 법보, 승보이지요. 부처님과 부처님의 가르침과 부처님 가르침을 옹호하고 전하는 화합승가에 대한 귀의로부터 다라니가 시작되는 것입니다. 우리가 법회를 봉행할 때 삼귀의부터 시작하는 것과 같은 이치겠습니다.

관세음보살님에 대한 귀의

나막 알약 바로기제 새바라야 모지사다바야 마하사다바야 마하가로 니가야

namaḥ āryāvalokiteśvarāya[40] bodhisattvāya[41] mahāsattvāya[42] mahākāruṇikāya[43]

나마하 아-랴-아왈로끼떼쉬와라-야 보디삿뜨와-야 마하-삿뜨와-야 마하-까-루니까-야

대자비 성관자재보살마하살께 귀의합니다.

옴 살바 바예수 다라나 가라야 다사명

---

40 āryāvalokiteśvarāya: ārya(성스러운)+avalokiteśvarāya(관세음보살님께).
41 bodhisattvāya: 여격. 보살님께.
42 mahāsattvāya: 여격. 마하살님께.
43 mahākāruṇikāya: mahā+kāruṇikāya(여격. 자비).

Oṁ sarva-bhayeṣu[44] trāṇa-karāya[45] tasmai

옴 사르와 바예슈 뜨라-나 까라-야 따스마이

옴, 모든 두려움을 피할 피난처가 되시는 그에게.

삼보에 대한 귀의에 이어 관세음보살님에 대한 귀의가 이어집니다. "모든 두려움을 멸해주시는 거룩하신 대자대비 관세음보살님께 귀의합니다." 직역하면 '피난처가 되어주시는' 관세음보살님이 되는데요, 피난처란 무엇일까요?「관세음보살보문품」에서는 관세음보살님을 부르면 일곱 가지 재난으로부터 벗어날 수 있다고 합니다. 그 일곱 가지 재난은 불로 인한 재난, 물로 인한 재난, 바람에 의한 재난, 칼과 몽둥이 등 폭력에 의한 재난, 잡귀에 의한 재난, 감옥에 갇히는 재난, 원수나 적에 의한 재난 등입니다. 그러니 관세음보살님은 재난으로부터의 피난처가 되는 것이지요.

다라니 독송의 목적

나막 까리다바 이맘 알야 바로기제 새바라 다바

---

44 sarva-bhayeṣu: sarva(모든)+bhayeṣu(처격. 두려움, 공포).
45 trāṇa-karāya: trāṇa(피난처)+karāya(형용사/여격. ~하는, ~되는).
46 kṛtvā: √kṛ(하다)의 절대분사.
    namas-√kṛ: (목적격/여격/처소격)에 '귀의한다'라고 말하다, …에게 경의를 표하다, 경례하다.

namas kṛtvā⁴⁶ imam⁴⁷ āryāvalokiteśvara-stavam⁴⁸

나마스 끄리뜨와- 이맘 아-랴 아발로끼떼쉬와라 스따왐

이 성관자재의 찬가에 경의를 표하면서

니라간타 나막하리나야 마발다 이사미

Nīlakaṇṭha-nāma⁴⁹ hṛdayam⁵⁰ āvartayiṣyāmi⁵¹

니일라깐타 나-마 흐리다얌 아-와르따위샤-미

청경이라는 이름을 마음으로 노래하겠습니다.

살발타 사다남 수반아예염 살바보다남 바바마라 미수다감 다냐타

sarvārtha-sādhanam⁵² śubham⁵³ ajeyam⁵⁴ sarva-bhūtānām⁵⁵

---

47 imam: 3인칭대명사/목적격. 그를.

48 stavam: 명사/목적격. 찬가를.

49 Nīlakaṇṭha-nāma: Nīlakaṇṭha(푸른 목, 青頸)-nāma(n.Sg.Acc.이름)=청경이라는 이름.

50 hṛdayam: 명사/목적격. 마음을, 마음으로.

51 āvartayiṣyāmi: ā√vṛt(향하게 하다, 암송하다, 반복하다)의 동사/사역미래형/1인칭 단수.

52 sarvārtha-sādhanam: sarva+artha(이익)+sādhanam(명사/목적격. 성취)=모든 이익과 성취를.

53 śubham: 명사/목적격. 안녕을, 복을.

54 ajeyam: 명사/목적격. 필승을.

55 bhūtānām: 남성명사/복수/소유격. 유정들의, 중생들의.

bhava-mārga-viśodhakam[56] tadyathā[57]

사르와 아르타 사-다남 쉬밤 아제얌 사르와 부-따-나얌 바와 마-르가 위쇼다깜 따드 야타-

모든 이익과 성취, 안녕, 필승, 모든 중생들의 삶의 길의 청정을 위해, 다음과 같이,

이 부분은 다라니의 찬양 대상과 독송의 목적이 분명하게 제시된 부분입니다. 다라니의 찬양 대상은 '청경이라는 이름'입니다. '청경'이 관세음보살님의 또 다른 칭호임은 이미 말씀드렸지요. 그런데 굳이 '청경'이 강조되었다는 것은 청경관음보살이 이 다라니의 가장 주된 찬양 대상임을 말해줍니다. 관세음보살님의 찬양을 마음에 두고, 모든 이익과 성취와 안녕과 필승, 그리고 모든 중생의 청정한 삶을 위해 청경이라는 이름을 '다음과 같이' 노래하겠다는 내용입니다. '다음과 같이'는 바로 '청경이라는 이름의 찬양'이 됩니다.

여기서 우리나라 불자들에게 다소 생소한 것은 '청경'이라는 이름입니다. 청경(靑頸)은 푸른 목이라는 뜻입니다. 33관음보살 중 청경관음이 계시니, 청경이라는 이름 또한 관세음보살님의 이름임에는 틀림없습니다. 그런데 '청경'이라는 이름이 관세음보살님에게

---

56 bhava-mārga-viśodhakam: bhava(삶, 존재)+mārga(길)+viśodhakam(명사/목적격. 청정을).

57 tadyathā: tad(3인칭 대명사)+yathā(마치 ~같이).

부여된 것은 인도신화의 영향입니다. 잠시 인도신화 속으로 들어가겠습니다.

옛날에는 신(Deva)이나 악마(Asura)나 죽을 수밖에 없는 존재였습니다. 신들과 악마들은 이복형제였는데, 신들과 악마들의 어머니는 자매 사이였습니다. 두 자매가 한 남자와 혼인하여 신과 악마라는 전혀 다른, 어쩌면 매우 비슷한 아이들을 낳은 셈입니다. 큰어머니에게서 태어난 아이들은 악마이고, 작은어머니에게서 태어난 아이들은 신입니다.

형제들이 서로 싸우듯이 신들과 악마들은 늘 으르렁거리면서 싸웠습니다. 그럴 때마다 힘이 달린 신들이 밀리곤 했습니다. 그러다가 악마의 세상이 될 것이라 생각한 신들은 유지의 신 비슈누를 찾아가 대책을 구합니다. 비슈누는 "젖의 바다를 휘저어 거기서 나온 암리타(불사의 감로수)를 마시면 너희들은 불사의 존재가 될 것이고, 그러면 능히 악마들을 이길 수 있을 것이다"라고 말합니다.

우리는 '젖의 바다'라는 말에 의문을 갖지 않을 수 없습니다. 세상에 젖으로 이루어진 바다도 있단 말입니까? 하기야 우리 인간에게 절대적으로 필요한 소금이 바닷속에 있으니, 소금의 바다가 있듯이 젖의 바다라고 없으란 법은 없을 것입니다. 그 젖의 바다를 휘저으면 불사의 감로수인 암리타가 나온다는 것도 참으로 재미있습니다. 바다를 휘저으면 소금이 나오듯이 젖의 바다를 휘저으면 우유처럼 진한 생명수가 나오리라는 발상입니다. 그러나 젖의 바다는 한없이 넓은 곳이어서 바다를 휘젓기 위해서는 대단히 큰 막대기가 필요했습니다. 비슈누는 신들에게 만다라 산을 옮겨다 뒤집어 바다를 휘저으라고 알려줍니다.

신들만의 힘으로 커다란 만다라 산을 옮기는 것은 불가능했기 때문에 신들은 악마들에게 불사의 감로수를 나누어주기로 하고, 악마들의 힘을 빌렸습니다. 그러나 악마들까지 합세하여 산을 뽑으려 했으나 역부족이었습니다. 그들은 다시 비슈누에게 도움을 청했고, 비슈누는 용왕 아난타로 하여금 산을 뽑도록 했습니다. 그러면 그 산은 누가 옮겨야 할까요? 비슈누 신은 자신의 탈것인 가루다에게 산을 옮기는 것을 돕도록 했습니다.

만다라 산으로 젖의 바다를 젓기 위해서는 매우 긴 끈이 필요했습니다. 긴 끈으로 산을 묶고 저어야만 산이 바닷속에 빠지지 않을 것이기 때문입니다. 비슈누 신은 커다란 뱀인 바수키에게 그 산을 둘러 산이 물속에 빠지지 않게 잡고 있도록 명령했으나, 뱀 혼자서 산의 무게를 감당할 수는 없었습니다. 이번에는 비슈누 신이 직접 쿠르마(비슈누의 거북이 화신)가 되어 그 산을 등 위에 올려놓고 신들과 악마들로 하여금 바다를 휘젓도록 했습니다.

천 년이나 휘저은 끝에 젖의 바다에서 액체가 흘러나오기 시작했습니다. 맨 처음 흘러나온 것은 불사의 감로수가 아니라 바다의 불순물이 응결된 죽음의 독약이었습니다. 엄청난 파괴력을 가진 이 독약을 파괴의 신인 쉬바가 스스로 마셨습니다. 쉬바는 그것

을 삼키지 않고 목에 저장해놓았습니다. 그 때문에 쉬바의 목 부분
은 파랗게 멍들어 있게 되었습니다. 그래서 쉬바는 청경(靑頸, 푸른 목,
Nilakantha)이라고 불리기도 합니다.

　우리는 여기서 쉬바를 관세음보살님과 동일시할 필요는 없을 것
입니다. 다만 관세음보살님이 쉬바 신과 비슷한 모습으로 몸을 나
투기도 하는데, 그때 관세음보살님의 이름은 청경이라 불린다고 이
해하면 되겠습니다. 이 다음 대목부터는 청경이라는 이름의 보살님
께 기도하는 형식으로 진행됩니다.

옴 아로계 아로가 마지로가 지가란제 혜혜하례
oṁ āloke[58], ālokamati[59] lokātikrānta[60] ehy-ehi Hare[61]
옴 아알로께 아알로까마띠 로까-띠끄라안따 에히 에히 하레
　옴, 통찰자시여, 광명의 지혜이시여, 초월자이시여, 강림하소서, 강
림하소서, 님이시여!

　여기서부터는 청경관음보살님을 찬양하는 내용이 이어집니다.
청경관음보살님을 통찰자이자 광명의 지혜이시자 초월자라고 찬양

58　āloke: āloka(남성명사/단수/호격. 봄, 광명, 빛)+i(호격 불변화사)=통찰자시여.
59　ālokamati: āloka+mati(지혜)=ālokamati(중성명사/단수/호격. 광명의 지혜시여).
60　lokātikrānta: loka(세속)+atikrānta(과거수동분사/남성/단수/호격. 초월한).
61　Hare: 비슈누 신을 뜻하는 Hari의 호격이지만, 여기서는 관자재보살님을 뜻한다.

합니다. 아울러 강림해주실 것을 요청합니다.

마하모지 사다바 사마라 사마라 하리나야

mahābodhisattva smara[62]-smara hṛdayaṁ[63]

마하-보디삿뜨와 스마라 스마라 흐리다얌

대보살이시여, 마음을 헤아려주소서 헤아려주소서!

구로구로 갈마 사다야 사다야

kuru[64] kuru karma[65] sādhaya[66] sādhaya

꾸루 꾸루 까르마 사-다야 사-다야

해야 할 바를 행하시고 행하소서, [그리하여 저희로 하여금] 이루게 하시고 이루게 하소서!

도로도로 미연제 마하미연제

---

62   smara: √smṛ(기억하다, 마음에 새기다, 헤아리다)의 2인칭 단수 명령형. 헤아려주소서.

63   hṛdayaṁ: 명사/목적격. 마음, 가슴, 신비한 지식, 진실한 지식, 베다. 여기서는 '진언'이라고 볼 수도 있다.

64   kuru: √kṛ(하다, 일하다)의 2인칭 단수 명령형.

65   karma: karman(n. 업, 해야 할 바, 의식)의 단수 목적격.

66   sādhaya: √sādh(완성하다, 성취하다, 승리하다, 명예를 얻다)의 2인칭 단수 사역 명령형.

dhuru[67] dhuru vijayanta[68]e mahāvijayanta e

두루두루 위자얀따 에 마하-위자얀따 에

승리하소서, 승리하소서, 승리자여(위자얀따여), 대승리자여(위대한 위자얀따여)!

위자얀따는 신들의 왕 인드라(제석천)의 다른 이름이기도 합니다. 관세음보살님이 여러 가지 모습으로 나투듯이 청경관음께서도 인드라의 모습으로 나투시기도 합니다. 또는 위자얀따는 승리자라는 뜻도 있기 때문에, 인드라가 아니라 '승리자여'라고 찬양하는 것이라 생각해도 좋습니다.

다라다라 다린 나례 새바라

dhara[69] dhara dharendreśvara[70]

다라 다라 다렌드레쉬와라

수호하소서, 수호하소서, 번개를 가진 자재자시여!

번개를 가진 자재자는 곧 인드라입니다. 위자얀따에 대한 찬양

---

67 dhuru: √dhvṛ(구부리다, 타도하다, 파괴하다)의 2인칭 단수 명령형.
68 vijayanta: 남성명사/단수/호격. 승리자. 인드라 신의 다른 이름이기도 함.
69 dhara: 형용사/단수/호격. 지켜주시는. 또는 √dhṛ(지키다, 수호하다)의 2인칭 단수 명령형.
70 dharendreśvara: dhara(~을 가진)+indra(번개)+iśvara(자재자).

다음에 번개를 가진 자재자가 나오는 것을 보면, 위자얀따를 인드라라고 보아도 될 것 같습니다. 여기서 나오는 인드라는 신 자체라기보다는 청경관음의 화신이라 보는 것이 옳겠습니다.

자라자라 마라미마라 아마라 몰제예혜혜

cala[71] cala malavimalāmala-mūrte[72] ehy-ehi

짤라 짤라 말라위말라 아말라 무-르떼 에히 에히

움직이소서, 움직이소서, 때가 때가 아닌 청정한 님이시여, 강림하소서, 강림하소서!

무르떼는 유지의 신 비슈누의 아내 락슈미의 다른 이름입니다. 여기서는 물론 관세음보살님의 다른 모습이지요.

로계새바라 라아 미사미 나사야 나베사미사미 나사야 모하자라 미사미 나사야

Lokeśvara rāga-viṣaṁ[73] vināśaya[74] dveṣa[75]-viṣaṁ vināśaya moha-jāla-viṣaṁ[76] vināśaya

---

71   cala: √cal(움직이다)의 2인칭 단수 명령형.

72   malavimalāmala-mūrte: mala(더러움)+vimala(더러움을 벗은)+amala(청정한)+mūrte(미의 여신 락슈미의 다른 이름 mūrti의 호격)=때가 때가 아닌 청정한 님이시여!

로께쉬와라 라-가 위샴 위나-샤야 드웨샤-위샴 위나아사야 모하-자알라-위샴 위나-샤야

세상의 자재자여, 탐욕의 독을 잠재우소서, 진심의 독을 잠재우소서, 어리석음으로 얽힌 독을 잠재우소서!

세상의 자재자, 곧 세자재보살님은 관세음보살님의 다른 이름이지요. 관세음보살님께 삼독을 잠재워주실 것을 기도하고 있습니다.

호로호로 마라호로 하례 바나마 나바

huru⁷⁷huru mala⁷⁸ huru Hare⁷⁹ Padmanābha⁸⁰

후루 후루 말라 후루 하레 빠드마나-바

제거하소서 제거하소서 더러움을 제거하소서, 배꼽에 연꽃을 지닌 분이시여!

---

73   rāga-viṣaṁ: rāga(탐욕)+viṣaṁ(독)=탐욕의 독을.

74   vināśaya: vi√nāś(사라지다, 잃어버리다)의 2인칭 단수 사역 명령형.

75   dveṣa: 진에(瞋恚).

76   moha-jāla-viṣaṁ: moha(어리석음)-jāla(그물, 망)-viṣaṁ=치암의 독.

77   huru: √hṛ(가져가다, 도달하게 하다, 가지다, 파괴하다, 훔치다)의 2인칭 단수 명령형.

78   mala: 중성명사/목적격(-ṁ 생략). 때, 더러움.

79   Hare: hari(비슈누 신의 별칭)의 호격. 관자재보살님으로 보아야 함.

80   Padmanābha: (배꼽에 연꽃을 가진) 비슈누 신의 별칭. 여기서는 관자재보살님으로 보아야 함.

하리나 빠드마나-바는 모두 비슈누를 가리킵니다. 락슈미나 비슈누도 모두 관세음보살님의 화신이 된 것입니다. 비슈누는 배꼽에서 연꽃을 피우는 분이라고도 합니다.

사라사라 시리시리 소로소로 못쟈못쟈 모다야 모다야
sara sara siri siri suru suru[81] buddhyā[82] buddhyā bodhaya[83] bodhaya

사라사라 시리시리 수루수루 붓디야- 붓디야- 보다야 보다야

사라사라 시리시리 수루수루, 깨달음에 의해, 깨달음에 의해, 알게 하소서, 알게 하소서!

'사라사라 시리시리 수루수루'는 물이 솟아오르거나 흐르는 모습을 그린 의태어입니다. 물이 바다로 흐르듯이 깨달음의 흐름에 합류하고자 하는 염원이 담긴 진언입니다.

매다리야 니라간타 가마사 날사남 바라하라나야 마낙 사바하

---

81   sara, suru: √sr나 √sru(~에서 흐르다, 배어나오게 하다, 흐르게 하다, 나아가게 하다)의 2인칭 단수 명령형.
       sara sara siri siri suru suru: 의태어로 물이 솟아오르거나 흘러가는 모습을 표현한 것.

82   buddhyā: 여성명사 buddhi의 단수 도구격. 깨달음에 의해.

83   bodhaya: 동사 √budh의 사역형/2인칭 단수 명령형. 깨닫게 하소서.

maitriya[84] Nīlakaṇṭha kāmasya darśanena[85] prahlādāya[86] manaḥ[87] svāhā

마이뜨리야 니일라깐타 까-마샤 다르샤네나 쁘라흘라-다아야 마나하 스와-하-

자비로우신 청경성존이시여, 욕망의 관찰을 통한 기쁨을 얻도록 마음을 스와-하-(주시옵소서)!

다른 신들을 연상시키는 칭호가 여러 번 등장하다가 다시 청경성존을 부릅니다. 이어서 욕망의 관찰을 통해 환희를 얻을 수 있도록 해달라고 발원합니다.

싯다야 사바하 마하싯다야 사바하 싯다유예 새바라야 사바하

siddhāya[88] svāhā mahāsiddhāya svāhā siddhayogeśvarāya svāhā

싯다-야 스와-하- 마하-싯다-야 스와-하- 싯다요게쉬와라-야 스와-하-

---

84 maitriya: 형용사. 자비로운.
85 darśanena: 중성명사/단수/도구격. 봄에 의해, 관찰에 의해.
86 prahlādāya: 남성명사 prahlāda(환희, 비슈누 숭배자의 이름)의 여격.
87 manaḥ: 중성명사 manaḥ(마음)의 단수 목적격.
88 siddhāya: siddha(성자, 성취자)의 여격.

제4장 다라니에 의지하여 마음을 내려놓자 • 97

성자에게 스와-하-(영광이 있기를)! 대성자에게 스와-하-(영광이 있기를)! 성 요가의 주님[89]께 스와-하-(영광이 있기를)!

성자나 대성자는 청경관음보살님입니다. 물론 성 요가의 주님도 청경관음보살님이지만, 성 요가의 주님은 파괴의 신 쉬바이기도 합니다. 이렇게 청경관음에 대한 찬양은 인도의 최고 신들을 청경관음과 동일시함으로써 극대화되고 있습니다.

니라간타야 사바하 바라하 목카싱하 목카야 사바하 바나마 하따야 사바하

Nīlakaṇṭhāya svāhā varāhamukha[90]-siṁhamukhāya svāhā padma-hastāya[91] svāhā

닐라깐타-야 스와-하- 와라-하무카- 싱하무카-야 스와-하- 파드마-하스따아야 스와-하-

청경성존께 스와-하-(영광이 있기를)! 멧돼지의 모습과 사자의 모습인 분께 스와-하-(영광이 있기를)! 연꽃을 손에 쥔 분께 스와-하-(영광이 있기를)!

---

89   성 요가의 주: 쉬바를 말함. 이 다라니에 나오는 여러 신들은 모두 관세음보살의 화신이라 볼 수 있지만, 몇몇 고유명사의 경우 힌두 신의 정체성에 더 어울리는 경우도 있다.

90   varāhamukha: varāha(멧돼지)+mukha(용모).

91   padma-hastāya: padma(연꽃)+hastāya('손'의 여격).

청경성존을 찬양하면서, 멧돼지의 모습을 한 분과 사자의 모습을 한 분을 찬양합니다. 아울러 연꽃을 손에 쥔 분도 찬양합니다. 멧돼지의 모습을 한 분은 비슈누의 세 번째 화신 와라하이고, 사자의 모습을 한 분은 네 번째 화신 나라싱하이고, 연꽃을 손에 쥔 분은 비슈누입니다.

이쯤에서 비슈누의 화신을 소개하겠습니다. 비슈누의 화신은 보통 열 가지로 알려져왔습니다. ① 물고기 마츠야, ② 거북이 쿠르마, ③ 멧돼지 바라하, ④ 사자인간 나라싱하, ⑤ 난쟁이 바마나, ⑥ 도끼를 든 파라수라마, ⑦ 서사시 『라마야나』의 주인공 라마, ⑧ 『바가바드 기타』의 설법자로서 검푸른 피부의 끄리슈나, ⑨ 붓다, ⑩ 미래의 메시아 칼키 등입니다.

물고기 마츠야는 어린 시절 최초의 인간 마누에게 구출받았던 대가로 대홍수가 일어날 때 마누를 살려주어 인류가 유지될 수 있도록 합니다. 거북이 쿠르마는 젖의 바다를 휘저을 때 바다 가운데 들어가 바다를 저을 산이 바닥에 빠지지 않도록 산을 받쳐줍니다. 난쟁이 바마나는 악마 발리를 단 세 걸음으로 제압합니다. 도끼를 든 파라수라마는 끄샤뜨리야가 세계를 지배하자 바라문으로서 끄샤뜨리야를 제압하고 바라문의 자존심을 되찾습니다. 라마는 도덕과 윤리의 수호자로서 악마 라바나에게 납치된 아내 시타를 구출하며, 끄리슈나는 악마 칸샤를 죽이고 세상을 구해냈으며 마하바라타에 나오는 대전쟁에서 판다바 형제를 도와 세상의 유지에 공헌합니다.

아홉 번째 화신 붓다는 힌두교의 입장에서는 부정적으로 그려집니다. 악마들에게 희생제와 베다, 고행이 필요 없다고 가르침으로써 악마들의 힘을 약화시킨 후에 신들로 하여금 악마들을 물리치도록 함으로써 세상을 유지했다고 합니다. 열 번째 화신 백마를 탄 무사 칼키는 미래에 세상이 다시 위기에 처할 때 세상을 구할 구세주에 해당합니다.

비슈누의 세 번째 화신 멧돼지 와라하와 사자인간 나라싱하에 대한 소개가 빠졌지요. 옛날 히란야크샤라는 이름의 악마가 브라흐마 신을 위해 희생제를 드리면서 오랫동안 고행했습니다. 은총을 내릴 수밖에 없었던 브라흐마 신은 히란야크샤가 거명하는 신과 인간과 동물에 의해서는 죽지 않는 힘을 히란야크샤에게 내려주었습니다. 그런데 히란야크샤가 실수하여 멧돼지를 빠뜨려버렸습니다. 결국 히란야크샤는 어떤 신과 인간과 동물에게도 죽임을 당하지 않지만, 오직 멧돼지에게는 당할 수 있게 되었습니다.

강력한 힘을 얻게 된 히란야크샤는 신과 인간들을 정복하고 지배하게 되었습니다. 오만해진 그는 브라흐마가 잠든 사이에 신성한 베다조차 훔쳐버렸으며, 대지를 바다 밑에 가라앉게 했습니다. 견디다 못한 브라흐마가 비슈누에게 도움을 요청했습니다. 비슈누가 콧김을 내뿜어 한 마리의 멧돼지를 만들자, 멧돼지는 바다에 뛰

어들어 대지를 물고 올라왔습니다. 히란야크샤가 이를 저지하려 하자, 둘 사이에 치열한 싸움이 벌어졌습니다. 히란야크샤는 자신이 어떤 동물에게도 죽지 않는다고 생각해 자신 있게 덤벼들었습니다. 그러나 멧돼지의 이빨은 히란야크샤의 목덜미 속으로 깊이 박혀서 목숨을 끊어버렸습니다. 비슈누는 바다에서 건져 올린 육지를 산과 계곡들로 치장한 뒤 일곱 개의 대륙으로 나누어 갖가지 생명체들이 살아갈 수 있도록 했습니다.

히란야크샤의 형 히란야카쉬푸 역시 고행하여 브라흐마의 응답을 얻었습니다. 히란야카쉬푸는 브라흐마에게 다음과 같은 소원을 아뢰었습니다. "지상에서도 하늘에서도 결코 죽지 않으며, 문 안에서도 문밖에서도 죽지 않으며, 밤에도 낮에도 죽지 않을 것이며, 인간에게도 동물(예를 들면 수퇘지)에게도, 혹은 그 어떤 피조물에 의해서도 죽지 않을 것이며, 어떤 무기에도 살해되지 않게 하소서." 히란야카쉬푸가 비슈누의 신봉자인 아들 프라흐라다를 죽이려 할 때 비슈누가 사자인간 나라싱하로 벽 속에서 나타나 히란야카쉬푸를 무릎 위에 올려놓고 이빨로 물어서 죽입니다.

이렇게 해서 비슈누의 화신들은 모두 세상을 유지하는 데 큰 역할을 하였습니다. 이들 중에서 멧돼지 와라하, 사자인간 나라싱하, 끄리슈나 등이 대다라니에 등장합니다. 이들도 모두 관세음보살님의 화신이라고 보아야 합니다.

자가라 욕다야 사바하 상카섭나네 모다나야 사바하

cakrāyudhāya svāhā śaṅkha-śabda-nibodhanāya[92] svāhā

짜끄라아유다-야 스와-하- 샹카-샵다-니보다나-야 스와-하-

법륜을 지닌 분께 스와-하-(영광이 있기를)! 소라고동 소리를 듣는 이에게 스와-하-(영광이 있기를)!

마하라 구타다라야 사바하 바마사간타 이사시체다 가릿나 이나야 사바하

mahālakuṭadharāya svāhā vāma-skanda-deśa-sthita-kṛṣṇājināya[93] svāhā

마하- 라꾸따다라-야 스와-하- 와-마-스깐다-데샤-스티따-끄리슈나-지나-야 스와-하-

큰 곤봉을 지닌 분께 스와-하-(영광이 있기를)! 왼쪽 공격자 쪽에 서 있는 끄리슈나에게 스와-하-(영광이 있기를)!

먀가라 잘마니바 사나야 사바하

vyāghra-carma-nivasanāya[94] svāhā

---

92 śaṅkha-śabda-nibodhanāya : śaṅkha(소라고동)+śabda(소리)+nibodhanāya (소리를 듣는 이에게).

93 vāma-skanda-deśa-sthita-kṛṣṇājināya: vāma(왼쪽의)+skanda(공격자) +deśa(방향)+sthita(서 있는)+kṛṣṇā(검은)+jināya(영웅에게).

위야아그라 짜르마 니와사나아야 스와-하-

호랑이가죽 옷을 두른 분에게 스와-하-(영광이 있기를)!

비슈누는 네 손에 각기 다른 물건을 들고 있습니다. 원반(차크라, 법륜), 곤봉, 소라고동, 연꽃 등입니다. 쉬바 신은 호랑이가죽 옷을 두르고 있습니다. 이런 모습의 존재가 다라니에 모두 나오지요.

이렇게 인도의 신들을 연상케 하는 모습이 왜 다라니에 나오는 것일까요? 두 가지 각도에서 볼 수 있습니다. 관세음보살님은 다양한 모습으로 몸을 나툽니다. 그렇다면 민중들이 좋아하는 모습으로 나타나실 수 있는 것이지요. 인도의 민중들에게 도움을 주기 위해 나타날 때는 그들의 신의 모습으로 나타날 수 있을 것입니다. 또 다른 각도로는 인도의 주요 신들이 불교의 수호신이 되었음을 말해주는 것으로 볼 수 있습니다.

아무튼 우리가 가장 자주 독송하는 다라니에 인도의 신들이 줄줄이 있다는 것이 흥미롭습니다. 우리 불교가 그만큼 포용력이 있음을 말해주는 것이기도 하지요. 부처님 법에 귀의한 신들을 우리가 배척할 이유는 없습니다. 오히려 불제자로서 서로 존중해야지요. 특히 출중한 능력으로 불법을 수호하는 역할을 맡은 신들에 대해서

---

94   vyāghra-carma-nivasanāya: vyāghra(호랑이)+carma(가죽)+nivasanāya(옷을 입은 이에게).

는 부처님이나 관세음보살님처럼 예경해야 할 것입니다.

귀의 - 삼보에 대한 귀의, 관자재보살에 대한 귀의

나모 라다나 다라야야 나막 알야 바로기제 새바라야 사바하
namo ratna-trayāya namaḥ āryāvalokiteśvarāya svāhā
나모 라뜨나-뜨라야-야 나마하 아-랴- 아왈로끼떼쉬와라-야 스와-하-

삼보님께 귀의합니다. 성관자재보살님께 귀의합니다. 스와-하-(원만하여지이다)!

많은 수호신들을 거론한 다음에 다라니는 마지막으로 삼보에 대한 귀의, 관자재보살에 대한 귀의로 마무리됩니다. 완벽한 수미쌍관의 형식이지요. 삼보와 관세음보살님에 대한 귀의로 시작하여, 다시 삼보와 관세음보살님에 대한 귀의로 끝나는 형식입니다.

이렇게 다라니에는 수많은 인도의 신들이 등장하는 듯하지만, 그 인도의 신들은 모두 관세음보살님의 분신에 불과합니다. 관세음보살님은 중생을 구제하기 위해 능력이 출중한 신들을 모두 분신으로 만든 것입니다. 그리고 그들 신들은 부처님 법에 귀의하고 부처님 법을 수호하는 호법신이 되었기 때문에 기꺼이 관세음보살의 화신이 되어 중생 구제의 일익을 담당합니다. 그러기 때문에 다라니를 신비롭고 미묘하다고 하며, 광명당이요 신통장이라고 하는 것입니다.

그런데 인도의 신만이 관세음보살님의 화신이 되지는 않을 것입니다. 한국의 민중에게는 또 다른 토속신들이 친근할 것입니다. 관세음보살님은 한국의 민중에게는 그들에게 친숙한 토속신의 모습으로 나타나실 것입니다.

우리 현대인들은 토속신들의 모습이 그리 친숙하지 않습니다. 그렇다면 관세음보살님은 우리 현대인들에게 익숙한 모습으로 나타나실 것입니다. 지금 내게 간절히 필요한 것은 무엇입니까? 그 필요한 것을 원으로 하여 기도해보십시오. 관세음보살님은 기도자에게 적당한 모습으로 나타나십니다. 몸이 아픈 사람에게는 의사나 간호사의 모습으로, 학업이 필요한 사람에게는 학자나 교수, 교사의 모습으로, 빠른 이동이 필요한 사람에게는 운전자의 모습으로, 친구가 필요한 사람에게는 친구의 모습으로 관세음보살님은 나타나실 것입니다. 자, 그럼 관세음보살님을 찾아 기도해보십시오. 신묘장구대다라니를 일심으로 독송해보십시오.

다라니 독송과 마음공부

다라니를 독송하는 공덕을 앞에서 여러 가지로 말씀드렸습니다만, 중요한 것은 일상에서도 다라니를 염송할 수 있어야 한다는 것입니다. 일상에서도 다라니를 염송하려면 다라니를 완전히 욀 뿐만 아니라 아예 자기 몸이 되어야 합니다.

광덕 큰스님께서는 다라니기도를 하는 마음은 다음[95]과 같아야 한다고 말씀하십니다.

첫째, 바른 원력을 세우고 시작하여야 합니다. 바르지 않은 원력으로 다라니를 외면 오히려 화를 입게 됩니다. 둘째, 털끝만큼이라도 의심을 품어서는 안 됩니다. 다라니의 공덕을 철저하게 믿고 염송해야 합니다. 셋째, 일체중생에 대한 대자비심으로 염송해야 합니다. 관세음보살님이 천광왕정주여래께 대비주를 듣고 받을 때

---

95 광덕 큰스님 법문, 〈천수다라니에 대하여〉, 1981년 11월 1일 인왕산 불국사.

"이 다라니로 나도 이롭고 남도 이롭게 하여 모든 중생들을 제도하는 방편으로 삼겠습니다"라는 원력을 세우셨기 때문입니다. 넷째, 일체 차별하는 마음을 버려야 합니다. 좋다거나 나쁘다거나 옳다거나 그르다거나 밉다거나 사랑스럽다거나 하는 마음은 모두 번뇌망상임을 알고 그저 부처님의 청정 본성을 회복하리라 하는 마음만으로 외야 합니다. 다섯째, 업장을 참회하는 마음으로 염송해야 합니다. 큰스님께서 말씀하신 대로, 남을 원망하는 마음을 없애고 나서 자신의 업장을 참회해야 합니다. 여섯째, 절대 형상에 집착해서는 안 됩니다. 관세음보살님을 꿈속에서라도 친견하고 싶어 하는 마음은 망상입니다. 일곱째, 다라니가 내 몸이 될 때까지 염송해야 합니다. 다라니가 언제 어디서나 작동되어서 다라니가 곧 삶이 될 때까지 염송하게 되면, 마하깝비나 왕이 깊은 강을 건넜듯이 우리도 번뇌의 강을 거뜬히 건너게 됩니다.

> 순식간에 수천 경의 뜻 또렷또렷해지고
> 한 생각에 수억 부처님의 마음 밝게 비추니
> 이로부터 몰록 속세의 번뇌 잊어
> 흰 구름 높은 곳에 누워 마음만 관할 뿐이라오
> 片時歷歷千經義 一念昭昭億佛心 從此頓忘塵世慮 白雲高臥但觀心
> _월봉책헌(月峯策憲, 1623~?), 「내 마음을 관하다(自心觀)」

광덕 큰스님께서는 범어사의 한 암자에서 신묘장구대다라니를 매일 1,008독씩 네 번, 그러니까 4,032독을 하셨다고 합니다. 일상이 다라니 자체가 되어서 다라니와 일념이 됨으로써 큰 깨달음을 얻으셨습니다.

일상에서 다라니기도를 완전히 생활화하여 큰 가피를 입은 보광행 보살님은 이렇게 다라니기도를 했다고 합니다.

> 나는 '신묘장구대다라니' 10만 독을 2번 회향하고 3번째 진행 중이다. 내 목걸이는 계수기이다. 꿈속에서도 돌리며 일어난다. 화장실에서도, 일상의 대화 중에도 함께하는 내 분신이다. 내 기도는 걸어 다니면서 눈앞의 모든 것과 함께한다. 앰뷸런스가 지나가면 환자를 위하여 빠른 완치를 기원한다. 어린 소년이 헬멧을 쓰지 않고 오토바이 배달을 하는 모습을 보았는데, 얼마나 마음이 아팠는지 모른다. 그 소년의 업장 소멸과 안전 운행을 절절히 기도한다.
>
> _보광행 이경임, 2024 <법보신문> 신행수기 당선작에서

다라니를 통한 마음공부는 다라니를 일상에서 생활화함으로써 다라니와 혼연일체가 되는 것입니다. 다라니와 혼연일체가 되면 안 될 일은 아무것도 없습니다. 다라니를 통해 소원을 성취했느니 성취하지 못했느니가 전혀 중요하지 않고, 그저 참 행복만이 남을 것입

니다.

 단언컨대, 다라니 독송으로 마음공부를 하는 이는 반드시 행복해집니다. 다라니 독송을 일념으로 하는데도 아직 행복하지 않다면, 아직 살날이 많이 남았다는 뜻입니다. 왜냐하면 다라니 독송으로 마음공부를 하는 한 반드시 해피엔딩이기 때문입니다.

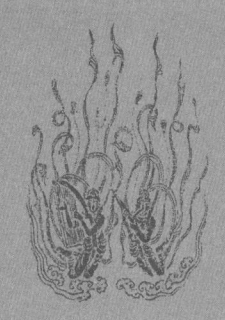

| 제 5 장 |

참회를 통해
마음을
내려놓자

•

도량찬과 사방찬, 그리고 참회

찬탄은 코끼리를 춤추게 한다

[사방찬] (四方讚, 사방을 깨끗이 하는 찬)-독송은 하지 않음.

일쇄동방결도량 이쇄남방득청량

一灑東方潔道場 二灑南方得淸凉

동방에~ 물 뿌리니[96] 도량이 맑고

남방에~ 물 뿌리니 청량 얻으며

삼쇄서방구정토 사쇄북방영안강

三灑西方俱淨土 四灑北方永安康

서방에~ 물 뿌리니 정토 이루고

북방에~ 물 뿌리니 평안해지네.

---

96 물 뿌리는 행위는 보살행을 가리킨다.

동서남북 사방에 대한 찬탄입니다. 인도에서는 방위를 향하여 찬탄하고 예배하는 전통이 있었습니다.『육방예경(六方禮經)』에서 동은 부모, 남은 스승, 서는 아내, 북은 친척, 아래는 노비, 위는 사문이나 바라문이라고 하였습니다. 사방찬은 인간관계를 주제로 한 것이 아니라 글자 그대로 온 우주가 이미 극락세계라는 점을 찬탄하는 것입니다. 서쪽의 정토는 물론이고 청량(淸凉)은 청정(淸淨)과 같은 의미에서, 또 안강(安康)은 안락(安樂), 안양(安養)과 같은 의미에서 모두 극락을 말하는 것이라 해도 틀리지 않을 것입니다. 다시 말해 사방이 온통 극락이자 불국토인 것입니다.[97]

물 뿌리는 행위는 물 뿌리는 행위 자체를 말하기도 하지만 궁극적으로는 보살행을 상징합니다. 우리들의 보살행에 의해서 동서남북으로 정토가 성취된다는 것을 상징하는 것이지요.

아울러 다라니 다음에 나오는 찬탄이라는 점에서 다라니를 독송하는 것이 곧 사방에 물 뿌리는 것과 같이 주위를 청정케 하는 것이 됩니다.

[도량찬] (道場讚, 청정한 도량의 찬)-독송은 하지 않음.

도량청정무하예 삼보천룡강차지

---

[97] 김호성, 앞의 책, 109~110쪽 참조.

道場淸淨無瑕穢 三寶天龍降此地
온 도량이 청정하여 티끌 없으니
삼보천룡 이 도량에 강림하시네.

아금지송묘진언 원사자비밀가호
我今持誦妙眞言 願賜慈悲密加護
제가 이제 묘한 진언 외우옵나니
대자대비 베푸시어 가호하소서.

다라니에 의해 도량이 청정해졌으니, 삼보님과 팔부성중께 강림해주실 것을 요청할 수 있습니다. 삼보님과 팔부성중이 오직 청정한 곳에만 간다기보다는 청정하게 해야만 삼보님과 팔부성중을 청하는 마음이 떳떳할 수 있음을 말하는 대목입니다. 그리고 강림하신 삼보님과 팔부성중께 다라니를 독송하오니, 크신 자비 베푸시어 가호하실 것을 기원합니다.

팔부성중은 누구일까요? 앞에서 '천룡'이라고 나왔지만, 다시 한 번 살펴봅니다. 팔부성중(八部聖衆)은 여덟의 성스러운 무리라는 뜻인데, 불법(佛法)을 수호하는 여덟 신(神)을 말합니다.

① 천(天): 욕계의 육욕천(六欲天)과 색계의 여러 천(天)에 있는 신(神)들입니다. 설명이 좀 어렵지요. 일반적인 인도의 신들이 여기에 해당한다고 보면 되겠습니다. 제석천, 범천, 비슈누, 쉬바 등입니다.

② 용(龍): 산스끄리뜨어 nāga인데, 바닷속에 살며 구름을 모아 비를 내리고 광명을 발하여 천지를 비춘다고 합니다. 우리에게는 뱀에 가깝게 느껴지는 모습입니다.

③ 야차(夜叉): 산스끄리뜨어 yakṣa의 음사입니다. 용건(勇健)이라 번역되기도 하며, 수미산 중턱의 북쪽을 지키는 비사문천왕(毘沙門天王)의 권속으로, 땅이나 공중에 살면서 여러 신(神)들을 보호한다고 합니다.

④ 건달바(乾闥婆): 산스끄리뜨어 gandharva의 음사입니다. 식향(食香)·심향(尋香)이라 번역됩니다. 제석천을 섬기며 음악을 연주하는 신(神)으로 향기만 먹고 산다 합니다.

⑤ 아수라(阿修羅): 산스끄리뜨어 asura의 음사입니다. 비천(非天)·부단정(不端正)이라 번역됩니다. 늘 싸움만을 일삼는 귀신이라 합니다. 인도신화에서는 천신과 대립되는 '악마'로 취급됩니다.

⑥ 가루라(迦樓羅): 산스끄리뜨어 garuḍa의 음사입니다. 금시조(金翅鳥)·묘시조(妙翅鳥)라고 번역됩니다. 조류(鳥類)의 왕으로 용을 잡아먹고 산다는 거대한 새로 비슈누의 탈것이라고 합니다.

⑦ 긴나라(緊那羅): 산스끄리뜨어 kiṃnara의 음사입니다. 의인(疑人)·인비인(人非人)이라 번역됩니다. 노래하고 춤추는 신(神)으로 형상은 사람인지 아닌지 애매하다고 합니다.

⑧ 마후라가(摩睺羅伽): 산스끄리뜨어 mahoraga의 음사입니다. 대망신(大蟒神)·대복행(大腹行)이라 번역됩니다. 몸은 사람과 같고 머리

는 뱀과 같은 형상을 한 음악의 신(神)입니다. 또는 땅으로 기어다닌다는 거대한 용(龍)이라고도 합니다.

이 여덟 신들이 부처님께 귀의하니 불법의 수호신이 된 것입니다. 이들 신들은 부처님과 보살님들의 뜻에 따라 중생을 실질적으로 구제하는 일을 합니다. 이름을 외우기가 어렵다구요? 외울 필요는 없습니다. 팔부신중이란 이런 분들이구나 하고 아시면 됩니다. 불교 경전에 자주 등장하기 때문에 자연스럽게 친숙해질 것입니다.

도량찬 게송은 찬탄이라는 제목이 붙었지만, 사실상 '기원(祈願)'에 해당합니다. 그럼에도 불구하고 찬탄이 붙어 있는 것은 청정한 도량이 그만큼 중요하다는 것을 암시합니다. 팔부성중은 청정한 곳을 좋아한다고 합니다. 그러니까 청정한 도량에만 강림하는 것입니다. 보이는 부분은 우리들의 청소에 의해 깨끗해지고, 보이지 않는 부분은 다라니 독송에 의해 청정해진 도량을 찬탄하는 것입니다. 청정한 도량 덕분에 삼보님과 팔부성중이 강림하여 우리들의 기원이 이루어지는 것이기 때문에 청정한 도량을 찬탄하는 것입니다.

청정해진 도량을 찬탄하듯이 공덕을 쌓는 일과 사람에 대해서는 항상 찬탄하도록 합시다. 찬탄이 부처님과 보살님과 팔부성중을 모셔옵니다. 찬탄은 코끼리도 춤추게 하는 것입니다.

참회도 코끼리를 춤추게 한다

[참회게]⁹⁸(懺悔偈, 죄업을 뉘우치는 게송)-독송은 하지 않음.

아석소조제악업 개유무시탐진치
我昔所造諸惡業 皆由無始貪瞋癡
지난 세월 제가 지은 모든 악업은
옛적부터 탐진치로 말미암아서

종신구의지소생 일체아금개참회
從身口意之所生 一切我今皆懺悔
몸과 말과 생각으로 지었사오니

---

98 참회는 보현행원의 네 번째 행원에 해당한다. 보현행원은 다음과 같다. ① 예경, ② 찬양, ③ 공양, ④ 참회, ⑤ 수희공덕(隨喜功德), ⑥ 청법, ⑦ 청불주세(請佛住世), ⑧ 상수불학(常隨佛學), ⑨ 수순중생(隨順衆生), ⑩ 회향 등.

제가 이제 모든 죄업 참회합니다.

천수경은 톱니바퀴로 연결된 잘 만들어진 구조물과 같습니다. 다라니로 청정해진 도량에 삼보님과 팔부성중이 강림하셨으니, 이제는 참회를 합니다. 지난 동안에 지은 모든 악업이 탐진치로 인해 신구의 삼업이 지은 것임을 참회합니다.

이는 마음을 청정하게 하는 행위입니다. 도량이 청정해진 것으로 끝나서는 안 됩니다. 마음이 청정해짐으로써 완전하게 청정해질 수 있는 것입니다. 업장을 맑히려면 신구의 삼업이 청정해져야 합니다. 그것이 바로 3청정이지요. 천수경을 시작하면서 이미 구업을 맑혔으니, 참회를 통해 마음만 맑히면 3청정이 완성되는 것입니다.

도량이 청정해야만 삼보님과 팔부성중이 강림한다고 했습니다. 팔부중은 마음이 청정한 중생만 돕습니다. 마음을 청정하게 하는 행위가 바로 참회입니다. 그러므로 참회도 찬탄과 마찬가지로 코끼리를 춤추게 하는 것입니다.

[참제업장십이존불][99](懺除業障十二尊佛, 열두 부처님을 칭명하여, 듣게 되면 업

---

99 부처님의 명호가 또 새로이 등장하는 데 당황하는 불자들도 있을 것이다. 이에 대해 묘봉 스님은 다음과 같이 말한다. "사실 부처님의 명호는 팔만사천이다. 정확하게 그 숫자가 팔만사천이라고 하는가 하면, 동시에 동명동호(同名同號)라는 것

장이 소멸되는 가지참회법)–독송은 하지 않음.

나무참제업장보승장불[100]

南無懺除業障寶勝藏佛

보광왕화렴조불[101]

寶光王火簾照佛

일체향화자재력왕불[102]

一切香華自在力王佛

백억항하사결정불[103]

百億恒河沙決定佛

은 또 무엇일까? 부처님의 숫자로 좇아가면 불명(佛名)도 잃고 불신(佛身)도 잃는다. 각각 다른 이름마다 그 의미와 뜻을 좇는다면 이것은 마구니의 제자다. 부처님 말씀이 팔만사천 법문이라는 것, 국토마다 다른 이름의 부처님이 계시고, 겁(劫)마다 다른 겁호(劫號)를 가졌으며, 이것이 무진법계(無盡法界)를 이룬다는 것은 쉽게 넘길 것이 아니다. 팔만사천 부처님을 이름마다 친견하려니, 일생에 단 한 번 만나뵙기 어려운 법이거늘 무슨 수로 가능할 것인가?"(묘봉 스님, 『천수경』, 현암사, 2008, 68~69쪽)

100 업장을 참회케 하여 소멸해주는 보배스러운 부처님. 보승장불을 한번 외면 일생에 축생을 타고 다닌 죄를 멸할 수 있다.

101 지혜의 강렬한 불빛을 비추어 업장을 소멸하는 부처님. 보광왕화렴조불을 한번 외면 일생에 상주물을 손상시킨 죄를 덜 수 있다.

102 일체의 향을 피우는 자재하신 부처님. 일체향화자재력왕불을 한번 외면 일생 동안 음행한 죄를 멸할 수 있다.

103 중생의 지은 업에 따라 결정해주시는 부처님. 백억항하사결정불을 한번 외면 일생에 지은 살생의 죄를 멸할 수 있다.

진위덕불[104]

振威德佛

금강견강소복괴산불[105]

金綱堅强消伏壞散佛

보광월전묘음존왕불[106]

寶光月殿妙音尊王佛

환희장마니보적불[107]

歡喜藏摩尼寶積佛

무진향승왕불[108]

無盡香勝王佛

사자월불[109]

獅子月佛

---

[104] 위덕으로 악덕을 항복받으시는 부처님. 진위덕불을 한번 외면 일생에 지은 악구의 죄를 멸할 수 있다.

[105] 금강과 같이 굳고 강하게 죄업을 부수어 흩트리는 부처님. 금강견강소복괴산불을 한번 외면 아비지옥에 떨어지지 않는다.

[106] 달과 같이 맑으며 깨끗한 음성으로 구제하시는 부처님. 보광월전묘음존왕불을 한번 외는 것은 대장경을 독송한 공덕에 준한다.

[107] 여의주로 중생을 환희롭게 하시는 부처님. 환희장마니보적불은 그 공덕이 다른 부처님과 같다.

[108] 끝없이 진리의 향을 내는 부처님. 무진향승왕불의 명호를 외면 무량겁의 죄를 초월하여 숙명지(宿命智)를 얻게 된다.

[109] 사자처럼 용맹이 있고 지혜로운 부처님. 사자월불의 명호를 듣기만 해도 무량겁의 죄를 멸하고, 축생의 몸을 여읠 수 있다.

환희장엄주왕불[110]

歡喜莊嚴珠王佛

제보당마니승광불[111]

帝寶幢摩尼勝光佛

(귀의합니다, 모든 업장을 참회하면서,

보승장불께, 보광왕화렴조불께, 일체향화자재력왕불께,

백억항하사결정불께, 진위덕불께, 금강견강소복괴산불께,

보광월전묘음존왕불께, 환희장마니보적불께, 무진향승왕불께,

사자월불께, 환희장엄주왕불께, 제보당마니승광불께.)

업장을 참회해야 할 시방의 스승 12분의 부처님 명호를 부르는 대목입니다. 이 12분 부처님은 고통과 액난 가운데서 죄악을 느끼고 참회하여 해탈한 성자입니다. 그러기 때문에 이 부처님들을 부르고 생각하면 죄업이 소멸되고 고통과 액난을 벗어날 수 있습니다. 그래서 무비 스님은 "이 12존불은 업장을 참회할 때 일종의 증명법사 역할을 한다"[112]라고 하였습니다.

---

[110] 기쁨으로 사바세계를 장엄하시는 부처님. 환희장엄주왕불의 명호를 듣기만 해도 오백만억 아승지의 생사죄를 멸할 수 있다.

[111] 임금의 보배 깃털처럼 마니보주의 수승한 빛으로 장엄한 부처님. 이 부처님의 명호를 듣고 귀의정례하면 오백만억 겁 생사의 죄를 초월할 수 있다.

[112] 무비 스님, 『무비 스님의 천수경』, 조계종출판사, 2005, 120쪽.

[십악참회] (十惡懺悔, 열 가지 악업을 참회함)–독송은 하지 않음.

살생중죄금일참회
殺生重罪今日懺悔
살생으로 지은 죄업 참회합니다.

투도중죄금일참회
偸盜重罪今日懺悔
도둑질로 지은 죄업 참회합니다.

사음중죄금일참회
邪淫重罪今日懺悔
사음으로 지은 죄업 참회합니다.

망어중죄금일참회
妄語重罪今日懺悔
거짓말로 지은 죄업 참회합니다.

기어중죄금일참회
綺語重罪今日懺悔
꾸민 말로 지은 죄업 참회합니다.

양설중죄금일참회

兩舌重罪今日懺悔

이간질로 지은 죄업 참회합니다.

악구중죄금일참회

惡口重罪今日懺悔

악한 말로 지은 죄업 참회합니다.

탐애중죄금일참회

貪愛重罪今日懺悔

탐욕으로 지은 죄업 참회합니다.

진에중죄금일참회

瞋恚重罪今日懺悔

성냄으로 지은 죄업 참회합니다.

치암중죄금일참회

癡暗重罪今日懺悔

어리석어 지은 죄업 참회합니다.

십악참회는 참회게에서 행한 전체적 참회를 세분화해서 개별적인 행위 하나하나를 참회하는 것입니다. 살생, 투도, 사음은 몸으로 짓는 악업이고, 망어, 기어, 양설, 악구는 말로 짓는 악업이며, 탐애, 진에, 치암은 마음으로 짓는 악업입니다.

백겁적집죄 일념돈탕진
百劫積集罪 一念頓蕩盡[113]
오랜 세월 쌓인 죄업 한 생각에 없어지니

여화분고초 멸진무유여
如火焚枯草 滅盡無有餘
마른풀이 타버리듯 남김없이 사라지네.

죄무자성종심기 심약멸시죄역망
罪無自性從心起 心若滅是罪亦亡
죄의 자성 본래 없어 마음 따라 일어나니
마음이~ 사라지면 죄도 함께 없어지네.

죄망심멸양구공 시즉명위진참회

---

113 除로 나와 있는 판본도 있다.

罪亡心滅兩俱空 是卽名爲眞懺悔

모든 죄가 없어지고 마음조차 사라져서

죄와 마음 공해지면 진실한~ 참회라네.

십악참회까지가 사참(事懺)이라면 뒤의 두 게송은 이참(理懺)에 해당합니다. 사참은 지은 죄업에 대한 현상적 참회를 말하고, 이참은 죄의식까지 털어버리는 본질적 참회를 말합니다. 유일신론의 종교에서는 절대자를 높이고 찬양하기 위해서 자신을 죄인이라고 보지만, 우리 불교에서는 자신이 우리의 큰 스승이신 부처님과 동일해질 수 있는 능력을 갖고 있다고 생각합니다. 다시 말해 진정한 참회는 단순히 자신의 잘못을 반성하는 것을 넘어서서 자신이 부처임을 발견하는 것이어야 합니다. 그것이 바로 이참입니다.

죄라는 것은 한 생각 돌이키면 사라지는 것입니다. 죄는 자성이 없기 때문입니다. 그것이야말로 진정으로 죄를 더 이상 짓지 않는 길입니다.

참회진언(懺悔眞言, 죄업을 뉘우치는 진언)

옴 살바 못자모지 사다야 사바하 (3번)

Oṁ sarva-buddha-bodhisattvāya svāhā

옴 사르와 붓다 보디삿뜨와-야 스와-하-

옴, 모든 불보살님께 스와-하-(영광이 있기를)!

참회진언이 재미있지요. "옴 모든 불보살님께 사바하('영광이 있기를' 또는 '원만하여지이다')"라는 뜻의 간단한 진언이 어떻게 참회진언이 되는 걸까요? 모든 불보살님께 귀의한다는, 또는 모든 불보살님을 찬양하는 진언인 듯한데, 좀 이해하기 힘들지요? 그것이 우리 불교일 것입니다. 일반적으로 생각하면 참회진언은 자신을 통렬하게 반성하는 것이어야 할 법한데, 우리의 참회진언은 죄에 대한 생각이 아니라 불보살님에 대한 간절한 마음으로 완성됩니다.

칭찬과 마음공부

오, 아뚤라여! 그것은 새로운 일이 아니다.
오랜 옛날부터 있어왔던 일, 사람들은
현자가 침묵해도, 말을 많이 해도,
간략하게 말해도 현자를 비방한다.
이 세상에서 사람들의 비방을
받지 않는 이는 아무도 없다.

어느 누구든 항상 칭찬만 받거나
비방만 받을 수는 없다.
지금도 그러하거니와
앞으로도 그러하리라.
_『법구경』 227~228송

어린아이가 언어를 터득하는 것을 가만히 살펴보면 아이의 언어 습득 동력이 바로 칭찬임을 확인하게 됩니다. 맘마, 엄마라는 말을 비슷하게만 해도 엄마와 아빠는 박수를 치며 칭찬하고, 아빠라는 말을 하면 우리 아이야말로 신동이라며 칭찬합니다. 게다가 할미, 할배 등을 발음하고, 나아가 문장이라도 완성해서 말하기 시작하면 온 집안 식구가 명배우의 공연을 보듯 아이의 한 마디 한 마디에 주목합니다. 그렇게 아이의 언어능력이 칭찬 속에서 비약적으로 발전했음을, 우리가 칭찬을 먹고 진정한 사람이 되었음을 우리는 알아야 합니다.

> 내 마땅히 깊고 깊은 수승한 알음알이로 마치 앞에 계신 듯이, 변재천녀의 혀보다 나은 미묘한 혀를 내고, 낱낱 혀마다 한량없는 음성을 내며, 낱낱 음성마다 한량없는 온갖 말을 내어서 모든 부처님의 한량없는 공덕을 찬탄하겠습니다.
>
> _『보현행원품』「찬양분」

깊고 깊은 수승한 알음알이는 곧 부처님의 위대함을 깊이 알고 있음이며, 마치 앞에 계신 듯이 찬탄함은 설사 바로 앞에 계시지 않더라도 앞에 계시는 것으로 여기고 찬탄하겠다는 뜻입니다. 보현보살은 변재천녀보다 미묘한 음성을 낸다는 마음으로 자신이 가진 최상의 목소리로 최고의 방편을 내어 부처님의 공덕을 찬탄하겠다고 다짐합니다.

　우리도 보현보살의 마음으로 부처님을 찬탄해야 합니다. 저는 부처님을 찬탄하는 것은 갓난아기 시절 칭찬받고 인간이 된 것에 대한 최소한의 보답이 아닐까 생각합니다. 누구에게든 비난보다는 칭찬을 주로 하는 것은 자신의 근원 생명이 칭찬으로부터 비롯되었음을 되새기는 일입니다.

　생각해봅니다! 갓난아기 시절 '나를' 비난하는 말을 들은 일이 있을까요? 그 시절 아이에게 들려오는 말은 모두 칭찬이었습니다. 다시 말해 인간이 인간으로서 성장하기 시작한 원동력은 '칭찬'이었던 것입니다. 그런데도 나이가 들면서 칭찬보다는 비난에 더 끌리고 스스로도 비난하는 말을 서슴지 않게 되었습니다.

　광덕 큰스님은 "말은 위대한 창조의 힘을 지니고 있다"고 말씀하셨습니다. 칭찬하는 말뿐만 아니라 비난하는 말도 위력을 발휘합니다. 칭찬하는 말은 사람의 가슴에 밝음과 평화와 기쁨이 깃들게 하지만, 비난하는 말은 어둠과 다툼과 고뇌를 불러일으킵니다.

　어린이법회의 어린 법우가 엄마를 칭찬하는 글을 쓴 것을 보았습니다. "엄마는 훌륭한 사람입니다. 엄마는 친절한 사람입니다. 엄마는 미소가 아름다운 사람입니다. 엄마는 웃음이 많은 사람입니다. 엄마는 마음에 여유가 많은 사람입니다. 엄마는 아름다운 사람입니다. 엄마는 행복한 사람입니다. 그런 엄마를 주심에 감사합니다."

옹알이부터 시작하여 말을 배우던 갓난아기 시절을 상상력으로라도 상기해봅시다. 우리는 칭찬을 받고 사람다운 사람이 되었습니다.

사부대중의 허물을 말하지 말고 다른 사람의 장점을 칭찬하자. 안 좋은 일은 덮어주고 잘못을 자기에게 돌리고 다른 사람을 도와주어야 한다. 다른 사람을 도와주면 두 가지 이익이 있다. 자기 마음 가운데 다른 사람을 도와주는 따뜻한 심정이 생기고, 다른 사람도 도움을 받으므로 이 세상은 서로 돕게 된다.

_『광덕 스님 법어록』, 불광출판사, 2024, 422쪽

참회와 마음공부

결백한 생각, 곧은 마음을 가지고 있는 사람이 고통을 겪는 경우가 많이 있다. 그것은 그 사람 마음 가운데 '나는 잘못이 있다'라는 것에 집착하기 때문이다. 잘못되었거든 참회하고 비워내면 그만이다. 잘못된 것을 돌이켜 계속해서 생각하고 '내 잘못이다'라고 죄에 귀의하는 것은 불행으로 내모는 행위이다. 이러한 사람은 자기 본성이 반야바라밀, 죄 없고 때 묻을 수 없는 본래 청정임을 모르는 것이다.

_『광덕 스님 법어록』, 불광출판사, 2024, 313-314쪽

999명을 죽인 살인마도 참회하면 구제받을 수 있을까요? 상상하기 힘듭니다. 그런데 부처님 시대 앙굴리말라는 999명을 죽이고도 부처님의 승가에 출가하였습니다. 오늘날이라면 꿈도 꾸지 못할 일

입니다. 앙굴리말라는 도대체 어떻게 참회하였기에 부처님의 크나큰 은덕을 받게 되었을까요?

살인마가 기원정사에 있다는 소식을 들은 빠세나디 왕은 500명의 기마 부대를 이끌고 기원정사를 향해 출정하였습니다. 빠세나디 왕이 부처님께 살인마 앙굴리말라가 사원에 있느냐고 여쭈었습니다. 부처님께서 대답하셨습니다.

"대왕이여, 앙굴리말라가 삭발하고 가사를 걸치고 출가하여 살생을 금하고 계를 지키며 착하게 살고 있다면 대왕께선 그를 어떻게 대하시겠습니까?"

"부처님이시여, 그렇다면 저희는 그에게 절을 올리고 자리를 제공할 것입니다. 가사와 음식, 거처와 약을 보시하고 그를 법답게 보호하고 지켜드리겠습니다. 그런데 그 악하고 부도덕한 사람이 어떻게 계율을 지키고 절제된 생활을 할 수 있겠습니까?"

그러나 수행자가 되어 지극히 평온해진 얼굴의 앙굴리말라를 보고 안심한 빠세나디 왕은 부처님을 찬탄한 후에 앙굴리말라에게 가사와 음식, 거처, 약을 보시하겠다고 약속합니다.

999명을 죽인 엄청난 연쇄살인범이 어떻게 참회하였기에 부처님께 구원을 받을 수 있었을까요? 여기서 참회하는 방법을 생각해 봅니다.

첫째, 앙굴리말라는 자신의 잘못만 생각했을 뿐 다른 이의 잘못은 일절 생각하지 않았습니다. 앙굴리말라는 억울할 수 있었습니다. 자신은 스승에게 속은 피해자라고 주장할 수 있었고, 스승의 부인이 자신을 유혹하고는 스승에게 자신을 모함한 탓에 자신이 엄청난 살인을 저지르게 되었다고 변명하는 마음도 생길 수 있었습니다. 그러나 앙굴리말라는 그렇지 않았습니다. 모두 자신의 잘못이라고 인정하고 남에 대해서는 추호도 원망하는 마음을 갖지 않았습니다.

둘째, 앙굴리말라는 오직 반야바라밀에 의지하여 자책하는 마음도 버렸습니다. 자신은 본래 청정임을 믿고 오직 반야바라밀에 의지하였기에 그토록 큰 죄를 저지르고도 죄의 감옥에서 벗어날 수 있었습니다.

셋째, 앙굴리말라는 부처님의 위신력에 온전히 의지했습니다. 부처님의 위신력에 대해서 조금이라도 의심했다면 앙굴리말라는 참회할 수 없었고 구원받을 수 없었습니다. 그는 "예전에 나는 앙굴리말라는 살인마로 / 거대한 폭류에 휩쓸렸지만 / 부처님에게서 의지처를 구했네"라고 노래합니다.

부처님은 앙굴리말라가 대열반에 든 후에 게송을 읊으셨습니다.

지난날 저지른 악행을
선행으로 덮는 사람
그가 세상을 비추네.
구름을 벗어난 달처럼.
_「법구경」 173송

제 6 장

준제진언에 의지하여
마음을
내려놓자

•

준제진언

준제진언을 청하다

[준제찬] (准提讚, 준제주의 찬)-독송은 하지 않음.

준제공덕취 적정심상송

准提功德聚 寂靜心常誦

준제주는 모든 공덕 보고이어라

고요한~ 마음으로 항상 외우면

일체제대난 무능침시인

一切諸大難 無能侵是人

이 세상~ 온갖 재난 침범 못 하리

천상급인간 수복여불등

天上及人間 受福如佛等

하늘이나 사람이나 모든 중생이

부처님과 다름없는 복을 받으니

우차여의주 정획무등등

遇此如意呪 定獲無等等

이와 같은 여의주(如意呪)를 지니는 이는

결정코~ 최상의 법 이루오리라.

이 게송은 준제주의 계청(啓請)에 해당합니다. 이어서 준제보살에 대한 귀의가 나오고, 4다라니에 이어 발원을 끝으로 준제주 부분이 마무리됩니다. 따라서 '준제주' 부분도 계청, 귀의, 진언, 발원 등의 체계를 갖추고 있다고 하겠습니다.

이해의 편의를 위해 달리 해석해봅니다.

"준제주는 공덕의 무더기러라

고요한 마음으로 항상 외우면

일체의 모든 큰 재난

능히 이 사람을 침범치 못하리니

하늘 위 신들이건 인간이건

부처님들과 같은 복을 받아서

이 영험 있는 주문 만나고

비할 바 없는 깨달음 얻으리로다."

준제주를 독송하기 전에 준제주를 찬탄하는 게송을 먼저 읊습니다. 준제찬에서 기억할 대목은 준제주를 '고요한 마음'으로 독송해야 한다는 것입니다. 고요한 마음으로 독송한다는 것은 다른 잡념이 끼어 있지 않은 채 오직 준제주 독송에만 충실해야 한다는 뜻입니다.

준제보살은 6관음[114] 중에 한 분이라는 것 기억하시죠? 준제는 산스끄리뜨어로 춘디 또는 찬디(Cundi or Caṇḍi)이며, 준제(准提), 혹은 준니(准尼)로 음역되었습니다. 이는 청정(淸淨)의 뜻으로, 모성을 상징하기도 합니다. 그래서 준제보살은 준제불모(准提佛母, Cunde-bhagavati), 칠구지불모(七俱胝佛母, Saptakotibuddhamatri), 존나불모(尊那佛母) 등으로도 불립니다.

나무칠구지불모대준제보살 (3번)

南無七俱肢佛母大准提菩薩

귀의합니다, 7구지[115]의 부처님 어머니이신 대준제보살[116]님께!

---

114 이 책 26쪽 내용 참조.

115 구지(俱胝): 산스끄리뜨어 koṭi의 음사. ① 칠구지불모(七俱胝佛母)의 준말. ② 수의 단위로, 10의 7승.

116 준제(准提)는 산스끄리뜨어 cunda의 음사. 과거에 한량없는 부처들이 설한 다라니(陀羅尼)를 설하여 중생을 깨달음에 이르게 한다는 관음. 곧 준제관음(准提觀

'칠구지불모대준제보살'이 준제보살님의 이름이기도 한데, 인도의 이름에는 뜻이 담겨 있습니다. 여기서도 칠구지는 무수히 많은 숫자라고 생각하시면 됩니다. 따라서, 무수한 부처님의 어머니이신 대준제보살님이라는 뜻이 되지요.

흄)을 말한다.

준제진언을 읊기 위한 '길 닦기' 진언

정법계진언(淨法界眞言, 법계를 맑게 하는 진언)

옴 남 (3번)

Oṁ raṁ[117]

옴 람

옴, [그것은] 지혜의 불이어라.

raṁ은 불의 씨앗이라는 뜻입니다. 불은 모든 더러움을 태워서 청정케 하는 역할을 하지요. 그래서 법계를 청정케 한다는 점에서 정법계진언이 될 수 있습니다. 불은 탐진치 삼독의 불일 때는 번뇌의 불이지만, 법계를 청정케 하는 불일 때는 지혜의 불입니다. 그래서

---

[117]　raṁ: 중성명사 ra(불의 종자)의 주격/목적격. 불의 종자.

"그것(준제진언)은 지혜의 불이어라"라는 진언이 법계를 맑힐 수 있는 것입니다.

호신진언(護身眞言, 몸을 보호하는 진언)

옴 치림 (3번)
Oṁ cilim[118]
옴 칠림
옴, [그것은] 길상의 씨앗이로다.

『현밀원통성불심요집』에는 "이 주문은 모든 부처님의 마음을 뜻하는 것이어서, 오롯한 마음으로 1편을 외운즉, 일체 귀신이나 천마의 침범으로부터 능히 자신을 수호할 수 있으며, 2편을 독송함으로써 주위 도반을 보호할 수 있고, 3편을 외움으로써 한 집안 사람들을 수호할 수 있으며, 4편을 외움으로써 능히 한 성 안의 사람들을 수호하고, 7편을 독송함으로써 4천(四天) 이하의 사람들을 수호할 수 있게 하리라"[119]라는 말씀이 나옵니다. 진언을 글자 그대로 살펴보면 "그것은 길상의 씨앗이로다"라는 뜻인데, 길상의 씨앗이 우리

---

118 cilim: 중성명사 cili(길상의 씨앗)의 주격/목적격.
119 대정장 20, p.780.

의 몸을 보호하는 역할을 하게 되는 것입니다.

관세음보살본심미묘육자대명왕진언(觀世音菩薩本心微妙六字大明王眞言,

관세음보살님의 본마음을 보여주는 미묘한 육자대명왕진언)

옴 마니 반메 훔 (3번)

Oṁ maṇi[120] padme[121] huṁ[122]

옴 마니 빠드메 훔

옴, 연꽃 위에 [계시는] 보주시여, 훔!

이 진언은 제목이 길어서 제목을 해석하면 그 뜻을 알 수 있겠군요. 제목의 뜻은 '관세음보살님의 본래 마음을 미묘한 여섯 자로 표

---

120   maṇi: 남성명사. 마니주, 여의주.
121   padme: 남성명사/중성명사 padma(연꽃)의 단수 처소격.
122   'huṁ'은 여러 의미가 담긴 복합어로 다음과 같은 여러 어구가 종합되어 만들어진 글자이다. 즉 '원인'이란 뜻을 가지는 'hetu'라는 명사의 'h'와 '감소시키다'는 뜻을 가진 과거분사의 'u'를 취한 채, 음편(음의 조각) 'ṁ'을 더해서 만든 글자인 바, '원인을 감한다', '원인이 되는 업을 없앤다'는 뜻으로 이해할 수 있다.(정각스님)
   모니에르 사전에는 "or hūm ind. an exclamation (of remembrance, doubt, interrogation, assent, anger, reproach, fear &c., not translatable); a mystical syllable used in spells and magical texts or sentences; in Vedic ritual used immediately before the singing of the Prastāva or prelude as well as during the chanting of the Pratihāra or response ŚrS. MBh. Kāv. &c"이라고 설명되어 있는바, 일종의 감탄사로 보아도 된다. 그렇다면 굳이 번역하지 않아도 된다.

현한 크고 밝은 진언'이 되겠습니다.

　마니는 보배구슬 또는 여의주를 말하고요, 빠드메는 연꽃입니다. 훔은 청정한 진리의 세계를 암시하는 일종의 감탄사라고 생각하시면 되겠습니다. 따라서 진언에 대한 해석은 "옴, 연꽃 위에 [계시는] 보주시여, 훔!"이라고 했습니다. 연꽃 위에 아름답게 얹혀 있는 보배구슬이 곧 관세음보살님의 마음과 같은 것이며, 또한 준제진언의 미묘함과 같은 것이겠지요.

　정법계진언과 호신진언, 관세음보살본심미묘육자대명왕진언은 준제진언을 읊기 위해 길을 닦는 진언입니다. 신묘장구대다라니를 독송하기 위해 정구업진언과 오방내외안위제신진언을 읊었던 것과 같습니다.

온갖 공덕의 창고, 준제진언

준제진언(准提眞言)

나무 사다남 삼먁삼못다 구치남 다냐타

「옴 자례주례 준제 사바하 부림」[123] (3번)

namo saptānāṁ[124] samyak-saṁbuddha-koṭīnāṁ tad-yathā

「oṁ calā-cala[125] caṇḍi[126] svāhā bhūrim[127]」

---

[123] 「칠구지불모준제대명다라니경」은 다음과 같이 설한다. "진언을 독송하는 자 스스로의 마음을 마치 둥근 보름달과 같이 생각할 것이며, (스스로의 마음인) 둥근 보름달 한가운데 '옴' 자를 놓아둔 다음 '자례 주례 준제 사바하' 각각의 글자를 '옴' 자의 오른쪽 방향으로 펼쳐둔 후, (삼매 가운데) 그 글자 한 자 한 자의 뜻을 자세히 관해야 한다."(대정장 20, P.177)

[124] saptānāṁ : saptan(7의)의 남성/단수/소유격.

[125] calā-cala : 형용사/단수/호격. 이리저리 움직이는.

[126] caṇḍi : 여성명사 caṇḍī의 단수/호격. 준제이시여.

[127] bhūrim : bhūri(형용사. 많은)의 목적격이나 여기서는 부사로서 '많이', '자주', '반

나모 삽따-나암 사먁 삼붓따 꼬띠-나암 따드 야타-
「옴 짤라- 짤라 짠디 스와-하- 부-림」
　칠구지의 정등각께 귀의합니다, 이와 같이, 「옴, 어느 곳이나 몸을 나투시는 준제이시여, 스와-하-, 거듭거듭!」

　진언을 해석하다 보면 좀 싱겁다는 느낌이 들기도 하지요. 게송에서는 대단한 내용이 있을 것같이 광고했다가 막상 진언은 매우 단순한 내용이지요. 준제진언도 마찬가지입니다. 진언은 "많은 부처님께 '이리저리 몸을 나투시는 준제보살님이시여'라고 하면서 귀의합니다"라는 간단한 내용입니다. 현장 스님은 진언이 의외로 간단명료한 내용이기 때문에 번역하지 않음으로써 그 신비감을 유지하려고 했을 것입니다.
　진리는 복잡한 것에 있지 않습니다. 단순한 감탄과 진언 속에 불보살님의 무한한 가피력이 있습니다.

[준제발원] (准提發願, 준제보살의 발원)-독송은 하지 않음.

아금지송대준제 즉발보리광대원
我今持誦大准提 卽發菩提廣大願

복해서'의 뜻.

제6장　준제진언에 의지하여 마음을 내려놓자　•　145

제가 이제 준제주를 지송하오니
보리심을 발하오며 큰 원 세우고

원아정혜속원명 원아공덕개성취
願我定慧速圓明 願我功德皆成就
선정 지혜 어서 속히 밝아지오며
모든 공덕 남김없이 성취하옵고

원아승복변장엄 원공중생성불도
願我勝福遍莊嚴 願共衆生成佛道
수승한 복 두루두루 장엄하오며
모든 중생 깨달음을 이뤄지이다.

준제진언의 '계청'에서 준제진언에는 온갖 공덕이 쌓여 있다고 했습니다. 우리는 준제진언을 읊음으로써 큰 공덕을 얻었습니다. 그 공덕을 어디에 쓸 것인지가 위 게송에 나타나 있습니다. "내가 지금 준제주를 지송하옵고, 즉각 보리의 넓고 큰 원을 발하옵니다. 저는 정과 혜를 속히 원만히 밝히기를 원하오며, 공덕을 모두 성취하기를 원하오며, 수승한 복을 두루 장엄하기를 원하오며, 모든 중생이 각자 불도를 이루기를 원하옵니다." 여기에는 공덕을 자신에게 돌리는 부분과 모든 중생에게 돌리는 부분이 있습니다. 정과 혜를 밝히는 것, 공덕을 모두 성취하는 것, 수승한 복을 장엄하는 것은 자신을 위한 것입니다. 그러나 모든 중생이 불도를 이루는 것은 그 공덕을 중생에게 회향하는 것입니다. 성불에는 앞에 자신에게 돌렸던 공덕이 모두 포함되어 있으니, 결국 나와 남이 모두 성불하기를 바란다는 뜻이 들어 있겠습니다.

우리는 준제진언 부분이 천수경에 액자 형태로 들어 있는 것에 주목해야 합니다. 이 형태는 준제진언 부분만 따로 떼어서 기도할 수도 있음을 말해줍니다. 준제진언 부분만 따로 떼어서 집중적으로 기도한다면 신묘장구대다라니 독송과는 다른 효과를 기대해볼 수도 있겠습니다.

기도와 마음공부

기도하는 것은 구하는 것을 얻지 못했기 때문에 하는 것인데, 어찌 받지 않고도 받은 것처럼 감사하는 것일까? 우리의 소망은 진리에서 싹튼다. 우리의 깊은 마음에서는 기도와 동시에 이미 이루어졌다. 그것이 우리의 현상에 드러나기까지는 과정과 시간이 따른다.

_『광덕 스님 법어록』, 불광출판사, 2024, 413쪽

기도할 수 없다면 우리는 이미 죽은 목숨입니다. 기도할 수 있기에 살아 있으며, 살아 있기에 기도하는 것입니다. 기도할 수 있다는 것만으로도 우리는 감사해야 합니다. 그런데 광덕 큰스님께서는 기도가 이미 성취되었다고 생각하고 감사하면서 기도하라고 말씀하십니다. 큰스님의 가르침에 따라 어떻게 하면 기도 성취할 수 있을지 생각해보겠습니다.

첫째, 기도할 때 구하고자 하는 것을 이미 받은 것처럼 감사해야 합니다. 왜냐하면 밝은 빛을 받아들이는 마음이 기도를 성취하게 하며, 감사하는 마음이 밝은 빛을 받아들이기 때문입니다.(『광덕 스님 법어록』, 413쪽)

부처님 재세 시 삭까 천왕이 문둥이 숩빠붓다의 신심을 시험해보고 싶었습니다.

"숩빠붓다여, 너는 가난뱅이이고 병들었으며 구걸하며 살아가는 거지이다. 네가 만약 '부처님도 가짜고, 그의 법도 가짜며, 그의 승가도 가짜다'라고 말하면, 내가 너를 부자로 만들어주겠다."

그러자 숩빠붓다가 말했습니다.

"당신이야말로 참으로 어리석군요. 나는 가난하지도 않고 오히려 행복하고 재산도 많습니다. 나의 재산을 말씀드리겠습니다. 믿음, 계행, 악행을 부끄러워함, 악행을 두려워함, 법문을 들을 수 있음, 보시, 지혜 등 이 일곱 가지 재산을 가지고 있는데, 내가 왜 가난하단 말입니까?"

숩빠붓다는 부처님의 법문을 듣고 현상적으로는 자신의 병이 낫지 않았어도 이미 기도가 성취되었음을 알았습니다. 숩빠붓다의 마음을 알고 우리는 기도가 이미 성취되었다고 생각하고 감사하면서 기도하면, 그 기도는 이미 성취된 것이나 같습니다.

둘째, 기도는 관념이 아니라 행동이며 실천임을 알고 보시를 실천해야 합니다.

"말로만 감사하고 보시 공양하는 행위는 아까워서 못 한다면 그것은 탐착으로 마음을 닫은 기도이다. 탐착을 끊어 마음을 열고 부처님께 공양하고 보시함으로써 감사 찬탄 기도는 실천된다."(『광덕 스님 법어록』, 413~414쪽)

셋째, 기도 후 영험이 나타나지 않아도 더욱 감사하는 마음으로, 어떻게든 남을 돕겠다는 생각으로 작은 일이라도 실천해야 합니다. 기도로 닦은 착한 인연은 비록 그것이 소망에 비해 보잘것없더라도 진리 안에서 탄생한 은혜임을 알고 충실하게 섬겨야 합니다. 그것이 실마리가 되어 마침내 큰 원을 이루게 된다고 큰스님께서는 말씀하셨습니다.(『광덕 스님 법어록』, 414쪽)

넷째, 습관적으로 감사의 기도를 올려야 합니다. 아침에 일어나자마자 "부처님, 감사합니다"라는 말로 하루를 시작해보십시오. 이렇게 기도하면, 성취되지 못할 기도는 없습니다. 실로 나의 몸 하나만 가지고도 감사할 일은 넘칩니다. 부처님 법문을 듣고 바른 생각을 하고 믿을 수 있다는 것만으로도 기적에 가까운 감사할 일이기 때문입니다.(『광덕 스님 법어록』, 415쪽)

다섯째, 진정 중요한 것은 '오직 기도할 뿐', '기도할 수 있음에 감사할 뿐', 그 결과에 집착하지 않는 것입니다. 부처님 시대 한 농부는 도둑으로 몰렸을 때, 조금도 변명하지 않고 부처님과 아난다와의 대화만 반복하여 말한 결과 억울함을 풀 수 있었습니다.

그 일을 하고 나서 후회하고
그 과보로 눈물 흘리고 슬퍼한다면
그 행위는 잘했다고 할 수 없다.
_『법구경』 67송

제7장

널리 회향함으로써
마음을
내려놓자

•

총원과 삼귀의

부처님을 향한 열 가지 발원

여래십대발원문(如來十大發願文, 부처님께 발하는 열 가지 원)

원아영리삼악도 원아속단탐진치
願我永離三惡道 願我速斷貪瞋癡
원하오니 삼악도를 길이 여의고
탐진치~ 삼독심을 속히 끊으며

원아상문불법승 원아근수계정혜
願我常聞佛法僧 願我勤修戒定慧
불법승~ 삼보 이름 항상 듣고서
계정혜~ 삼학도를 힘써 닦으며

원아항수제불학 원아불퇴보리심

願我恒隨諸佛學 願我不退菩提心
부처님을 따라서~ 항상 배우고
원컨대~ 보리심에 항상 머물며

원아결정생안양 원아속견아미타
願我決定生安養 願我速見阿彌陀
결정코~ 극락세계 가서 태어나
아미타~ 부처님을 친견하옵고

원아분신변진찰 원아광도제중생
願我分身遍塵刹 願我廣度諸衆生
온 세계~ 모든 국토 몸을 나투어
모든 중생 빠짐없이 건져지이다.

원에는 '발원'과 '서원'이 있습니다. 발원은 원을 세우는 것을 말하고, 서원은 원을 세운 후 그것을 지키겠다고 맹세하는 것이지요. 천수경의 마지막은 원과 삼귀의로 장식됩니다.

여래십대발원문을 하나하나 살펴보겠습니다.

① 원아영리삼악도: 삼악도는 지옥, 아귀, 축생을 말합니다. 지옥, 아귀, 축생을 영원히 여의고자 하면 최소한 수다원 이상의 성인

이 되어야 합니다. 열심히 수행하여 수다원 이상의 과위를 성취하기를 바란다는 발원입니다.

② 원아속단탐진치: 삼악도를 길이 여의려면 탐진치 삼독을 끊어야 합니다. 부처님께서는 전법 초기에 카샤파 3형제를 비롯한 천 명의 제자들에게 불의 설법을 베푸셨습니다. 불의 설법은 곧 우리 마음속에는 끊임없이 탐진치 삼독의 불길이 치솟고 있다는 가르침이셨습니다. 그 탐진치 삼독을 끊는 데 열반의 길이 있다는 말씀이셨습니다.

③ 원아상문불법승: 항상 부처님과 부처님의 가르침과 승가에 귀를 기울이고 배우겠다는 발원입니다.

④ 원아근수계정혜: 계정혜 3학을 부지런히 닦겠다는 발원입니다. 당연한 것이지만 우리가 쉽게 간과하는 대목입니다. 계율이 잘 확립되어 있으면 승가는 언제나 존경받고 무한히 발전할 것입니다. 부처님께서는 항상 선정에 드시곤 했는데, 한국 불교는 선정수행에는 소홀한 면이 있었습니다. 최근에는 달라지고 있습니다. 현재는 선정수행도 지혜수행도 중시되고 있습니다.

⑤ 원아항수제불학: 항상 모든 부처님을 따라서 배우겠다는 발

원입니다. 우리가 공부하는 이유는 바로 부처님을 닮기 위함입니다. 부처님을 닮기 위해서는 부처님을 따라 배워야 합니다.

⑥ 원아불퇴보리심: 보리심으로부터 절대 물러서지 않겠다는 발원입니다. 보리심은 깨달음의 마음, 깨달음을 향한 마음입니다. 깨달음을 향한 용맹심을 결코 포기하지 않겠다는 발원입니다.

⑦ 원아결정생안양: 반드시 안양국에 태어나고 싶다는 발원입니다. 안양국은 아미타부처님의 국토입니다.

⑧ 원아속견아미타: 어서 속히 아미타부처님을 친견하기를 원한다는 발원입니다. 아미타부처님은 부처가 되기 전 법장보살 때에 48가지 서원을 세우셨습니다. 그중 18번째인 염불왕생원(念佛往生願)에 우리가 아미타부처님을 만나는 길이 나와 있습니다. "불국토에 태어나려는 자는 지극한 마음으로 내 이름을 염하면 왕생하게 될 것"이라고 하셨습니다.

⑨ 원아분신변진찰: "나의 몸이 먼지처럼 많고 많은 곳에 두루 나투기를 원합니다"라는 발원입니다. 내가 수많은 국토에 몸을 나투는 것은 부처님께서 중생 구제를 위해 천백억 화신으로 나투었듯 나도 또한 몸을 나투어 중생 구제에 힘쓰겠다는 발원입니다.

⑩ 원아광도제중생: 모든 중생들을 널리 제도하겠다는 발원입니다. 모든 중생들을 널리 제도한다는 것은 곧 나의 깨달음만을 구한다는 태도가 아니라, 나의 깨달음을 널리 회향한다는 태도입니다.

이처럼 부처님을 향한 간절한 발원은 자기 자신의 깨달음으로부터 모든 중생의 제도에 이르기까지 불자로서 응당 가져야 할 발원입니다. 그런 의미에서 이 발원은 총체적이면서 보편적이라 하여 사홍서원과 더불어 총원이라고 합니다.

총원에서는 회향이 강조되어 있음에 주목해야 합니다. 부처님의 가르침은 자기 혼자만 행복해야 한다고 하지 않습니다. 모든 중생을 행복의 길로 인도해야 한다고 말씀하십니다. 그런 의미에서 회향은 매우 중요합니다. 사홍서원에서 그 회향이 더욱 구체화됩니다.

네 가지 큰 서원

발사홍서원(發四弘誓願, 네 가지 큰 서원)

중생무변서원도 번뇌무진서원단
衆生無遍誓願度 煩惱無盡誓願斷
가없는~ 중생을~ 건지오리다.
끝없는~ 번뇌를~ 끊으오리다.

법문무량서원학 불도무상서원성
法門無量誓願學 佛道無上誓願成
한없는~ 법문을~ 배우오리다.
위없는~ 불도를~ 이루오리다.

자성중생서원도 자성번뇌서원단

自性衆生誓願度 自性煩惱誓願斷

자성의~ 중생을~ 건지오리다.

자성의~ 번뇌를~ 끊으오리다.

자성법문서원학 자성불도서원성

自性法門誓願學 自性佛道誓願成

자성의~ 법문을~ 배우오리다.

자성의~ 불도를~ 이루오리다.

사홍서원에 대해서는 긴 설명이 필요 없으리라 생각합니다. 사홍서원은 곧 내가 부처님이나 관세음보살님과 같은 인생을 살겠다고 맹세하는 것입니다. 앞의 4구는 모든 중생을 건지겠다는 발원이며, 그러기 위해 자신의 번뇌부터 끊겠다는 발원이며, 또 법문을 모두 배우겠다는 발원이며, 그리하여 불도를 성취하겠다는 발원입니다. 사홍서원에서는 회향이 실질적으로 가장 먼저 나왔습니다. 그만큼 중생 제도가 중요하다는 것을 말해주는 대목입니다.

뒤의 4구는 우리 안에 이미 불성이 있음을 전제로 한 서원입니다. 중생 제도를 멀리서 구하지 않고 나의 자성 안에 있는 불성 속에서 구하겠다는 서원입니다. 번뇌 제거를 밖에서 구하지 않고 나의 자성 속에 있는 청정심에서 찾겠다는 서원입니다. 부처님 법 배우기를 멀리서 구하지 않고 나의 자성 안에 있는 불성으로부터 배우겠다는 서원입니다. 불도를 밖에서 구하지 않고 나의 자성 속에 있는 불성에서 이미 성불해 있는 자신을 발견하겠다는 서원입니다.

뒤의 4구는 "내 생명 부처님 무량공덕 생명"이라는 광덕 스님의 사상과 같습니다. 광덕 스님의 명구가 스님만의 특별한 사상인 것이 아니라 한국불교의 보편적인 사상임을 말해주는 대목입니다.

부처님이나 관세음보살님과 같은 삶을 살겠다는 원을 가지는 것은 매우 중요합니다. 불교는 부처님이나 관세음보살님에게 구원받는 종교라기보다는 내가 부처님이나 관세음보살님이 되고자 하는 종교이기 때문입니다. 아니, 내 안에 있는 부처님이나 관세음보살님을 발견하는 종교이기 때문입니다.

사홍서원 꼭 실천하시고 보살님 되십시오. 부처님 되십시오. 내 안의 보살님을 발견하십시오. 내 안의 부처님을 발견하십시오.

천수경의 결론, 삼귀의

발원이귀명례삼보(發願已歸命禮三寶, 제가 이제 삼보님께 귀명합니다)

나무상주시방불 나무상주시방법 나무상주시방승 (3번)
南無常住十方佛 南無常住十方法 南無常住十方僧
시방세계 부처님께 귀명합니다.
시방세계 가르침에 귀명합니다.
시방세계 스님들께 귀명합니다.

'발원이귀명례삼보'는 '발원한 후 목숨 바쳐 삼보에 예배합니다'라는 뜻입니다. 항상하시는 모든 부처님께, 항상하시는 일체의 가르침에, 항상하시는 모든 승가에 귀의합니다. 총귀의는 삼보에 대한 귀의입니다.
우리가 불자(佛子)인 이유는 바로 이 삼귀의를 맹세했기 때문입니다. 불자의 제1조건이 바로 삼귀의라는 것입니다. 우리가 불자로서 오계를 받을 때 먼저 삼귀의계를 받습니다. "부처님께 귀의합니다. 차라리 목숨을 바칠지언정 외도의 신에 귀의하지 않겠습니다. 부처님의 가르침에 귀의합니다. 차라리 목숨을 바칠지언정 외도의 가르침에 귀의하지 않겠습니다. 승가에 귀의합니다. 차라리 목숨을 바칠지언정 외도의 교단에 귀의하지 않겠습니다." 바로 이러한 불자로서의 보편적이면서 당연한 귀의가 총귀의입니다.

신묘장구대다라니를 공부한 입장에서 "부처님께 귀의합니다, 차라리 목숨을 바칠지언정 외도의 신에 귀의하지 않겠습니다"라는 것이 이해하기 힘들 수도 있겠습니다. 분명히 신묘장구대다라니에는 힌두의 신들이 다수 등장하기 때문입니다. 그러나 신묘장구대다라니에 나오는 힌두의 신들은 불법의 수호신들이 되었기 때문에 외도의 신이라고 할 수 없습니다.

우리는 삼보에 대한 귀의가 천수경의 결론임을 명심해야 합니다. 설사 천수경이 관세음보살님을 찬양하는 경전이라 하더라도 관세음보살님도 불법의 테두리 안에 계시는 보살님이라는 것입니다.

불교의 경전은 매우 많고 그 사상도 폭이 매우 넓습니다. 그러다 보면 근본을 잊는 수도 있을 것입니다. 근본은 삼귀의임을 잊지 말아야 합니다. 삼귀의로부터 불자의 수행은 시작되고, 어떤 수행의 결론도 결국에는 삼귀의입니다.

회향과 마음공부

선남자여, 또한 지은 공덕을 널리 회향한다는 것은, 처음에 부처님께 예배하고 공경하는 것으로부터 중생을 수순하는 것까지의 모든 공덕을 진법계 허공계 일체 중생에게 남김없이 회향하여, 중생으로 하여금 항상 안락하고 일체 병고는 영영 없기를 원하며, 악한 일을 하고자 하면 하나도 됨이 없고 착한 업을 닦고자 하면 다 속히 성취하여 일체 악취의 문은 닫아버리고, 인간에나 천상에나 열반에 이르는 바른 길을 열어 보이며, 모든 중생이 그 지어 쌓은 모든 악업으로 인하여 얻게 되는 일체의 극심한 괴로운 과보는 내가 다 대신 받아서 저 중생으로 하여금 모두 해탈케 하여 마침내 무상보리를 성취하게 하는 것이니라.
_『화엄경』「보현행원품」에서

지금까지 우리는 보현보살이 서원한 아홉 가지 행원을 살펴보았습니다. 이제는 보현행원의 마지막 항목을 살펴볼 차례입니다. 보현행원의 마지막 항목은 '회향(廻向)'입니다. 회향은 자신의 공덕을 널리 중생에게 돌리는 것입니다.

사찰에서 봉사를 하거나 기도할 경우 마무리하면서 우리는 흔히 '회향한다'라고 말합니다. 이는 마치 '마친다'라는 말처럼 들리기도 하지만, 사실 내가 지은 공덕을 널리 중생에게 돌리겠다는 발원을 담고 있는 것입니다.

우리 불자들이 기도와 일상생활을 통해서 어떻게 회향을 실천할 것인지 생각해보겠습니다.

기도할 때 항상 회향을 발원하자

여러분은 언제 기도하십니까? 혹시 바라는 것이 있을 때 기도하지 않으십니까? 가족이 아플 때는 쾌유를 바라면서, 자식이 입시를 치르게 되면 합격을 바라면서, 학교를 졸업할 때가 되면 취업을 바라면서 기도하곤 하지요.

어떤 것을 바라건 기도의 마지막에는 회향발원과 함께해야 합니다. 예를 들어, 내 자식이 대학에 합격하면 그 학교에서 훌륭한 학문을 배우고 익혀서 널리 사회에 봉사할 수 있도록 하고, 그 공덕이 우주법계에 함께하기를 발원해야 한다는 것입니다.

열심히 노력하되 결과에 초연하자

열심히 기도하고 수행한다고 하지만, 사실상 그것이 과거의 빚갚음일 수 있습니다. 우리는 가끔 "그 보살님은 평생 그렇게 열심히 기도했는데 그 공덕도 허망하게 교통사고로 가셨어"라고 안타까워하거나, "왜 그 보살님은 그렇게 열심히 기도하고 수행하는데, 좋은 일은 없고 맨날 험한 일만 당하실까?" 하고 의문을 품을 때가 있습니다. 이미 지은 업보를 갚아야 하는 경우가 있기 때문입니다. 은행에 빚이 있으면 월급을 받아서 빚부터 갚아야 하듯이 말입니다.

우리는 열심히 노력하되 결과에는 초연해질 필요가 있습니다. 결과가 좋지 않다고 해서 낙심하지 말고, 왜 좋지 않은 결과가 나왔는지를 잘 살펴보아 다시 노력해야 합니다. 만약 방법에 문제가 있다면 이를 개선하면 되겠지요.

결과가 좋으면 이를 나누도록 하자

결과가 좋으면 이를 독식하려 하지 말고 함께 나누어야 합니다. 여러 사람의 노력이 함께 어울려 좋은 결과를 얻었다면 말할 것도 없고, 나 자신의 노력으로 이루어진 결과일지라도 이를 나눌 때 그 성과는 더욱 커집니다.

커다란 부를 축적했다면 이를 공익적인 차원으로 사용해야 합니다. 세계 1위 부자 빌 게이츠는 거의 전 재산을 자식들에게 물려주는 것이 아니라 사회에 환원하겠다고 했습니다. 복덕은 나눌수록 커집니다.

결과를 나눌 때 내 몫에 집착하지 말자

여러 사람의 노력이 함께 어울려 큰 성과를 거두었을 때 그 성과를 나누게 된다면, 자신의 몫에 집착해서는 안 됩니다. 합리적인 대가를 바라는 것이 나쁜 것은 아니지만, 내가 조금이라도 더 가지려 한다면 우애는 없어지고 동료가 자칫 적이 됩니다.

자신의 몫에 집착하지 말고 기꺼이 동료에게 건네줄 수 있는 넉넉한 마음, 그것이 보살의 마음입니다.

보상을 바라지 말자

인도의 거지들은 고맙다는 말을 잘 하지 않습니다. 그렇게 조르다가도 막상 주면 휙 돌아섭니다. 이럴 때는 "고맙다는 말을 하지 않아서 고맙다"라고 생각해야 합니다. "고맙다"고 인사하면 벌써 내가 보상을 받은 것이기 때문입니다. 그러나 인사하지 않으면 보상을 받지 않은 것이어서 저축이 된 셈이지요.

남에게 베풀었을 때 고맙다고 인사하면 인사해줘서 고맙다고 생각하면 되고, 고맙다는 인사를 하지 않으면 내 복을 저축할 수 있게 해줘 고맙다고 생각하면 됩니다.

중생의 악업은 내가 대신 받는다

보현보살은 "중생이 지은 모든 악업의 과보를 내가 대신 받음으로써 중생들로 하여금 해탈케 하고 마침내 무상보리를 증득케 하겠다"라고 서원하셨습니다. 보현보살의 행원 내에서도 우리가 따라하기 참으로 힘든 부분입니다.

보현보살은 하물며 남이 지은 악업까지 자신이 받겠다고 서원하고 실천할진대, 우리는 "열심히 기도했는데 왜 이리 나쁜 일이 계속되느냐", "부처님도 무심하시지", "기도해봐야 아무 소용 없다"라고 푸념해서는 안 되겠지요.

오늘부터는 남이 짓는 악업까지도 내가 달게 받겠다는 마음으로 살아보십시오. 그렇다고 그 업보가 내게 와서 금방 재앙이 되지 않습니다. 내가 더욱 큰 보살이 되어갈 뿐입니다.

회향은 곧 나를 위한 것

우리는 모두 연결되어 있습니다. 독립되어 있는 것 같지만, 나 스스로 고립되어서는 나 자신조차 없습니다. 누구나 남과 더불어서만 존재할 수 있습니다.

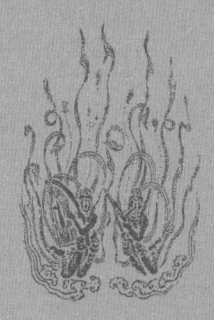

제 8 장

아직 못다 한
내려놓음은
보너스 진언으로

•

정삼업진언, 개단진언, 건단진언, 정법계진언

삼업을 맑히는 진언

정삼업진언(淨三業眞言)

옴 사바바바 수다 살바 달마 사바바바 수도함 (3번)
Oṁ svabhāva-śuddhāḥ sarva-dharmāḥ[128] svabhāva-śuddho'ham
옴 스와바-와 슏다-하 사르와 다르마-하 스와바-와 슏도함
옴, 일체법은 자성이 청정하다, 나는 자성이 청정하다!

천수경은 총귀의로서 사실상 끝났지만, 야외에서 법석을 열기 위하여 불단을 마련하고 천수경을 봉독할 때는 일종의 부록 비슷한 '정삼업진언' 이하를 봉독합니다. 다시 말해 월급 외에 받는 보너스와도 같은 것입니다.

---

128 dharmāḥ: 남성명사/복수/주격. 법들은.

정삼업진언은 삼업을 맑히는 진언입니다. 삼업은 앞에서도 얘기했듯이 몸으로 짓는 업, 말로써 짓는 업, 마음으로 짓는 업을 말합니다. 삼업을 맑히는 진언은 어떤 것인지 살펴보십시오.

진언의 내용은 역시 간단합니다. "옴, 일체법은 자성이 청정하다, 나는 자성이 청정하다." 삼업을 맑히는 진언도 구업을 맑히는 진언처럼 찬탄하는 내용입니다. 일체법의 자성도 청정하고 나의 자성도 청정하다고 찬탄하는 것이지요. 찬탄하는 것이 바로 업을 맑히는 것이라는 사실, 우리는 명심해야겠습니다. 엄밀히 말하면 중생의 마음은 선하지도 악하지도 않습니다. 아니, 선하기도 하고 악하기도 합니다. 그런데 선하기도 하고 악하기도 한 우리의 본성을 맑히기 위해서는 선한 것을 끄집어내야 합니다. 그 방법이 그 본성이 청정하다고 찬탄하는 것이라는 말이지요.

여기서 우리는 칭찬의 효과를 새삼 생각할 필요가 있습니다. 우선 자기 자신부터 칭찬해보십시오. 그리고 자기 안의 불성을 발견하시기 바랍니다.

법단을 여는 진언

개단진언(開壇眞言)

옴 바아라 놔로 다가다야 삼마야 바라베 사야훔 (3번)

Oṁ vajra[129] nara[130] ḍhakkā[131] tayā[132] samayā[133] praveśaya[134] huṁ

옴 와즈라 나라 닥까- 따야- 사마-야 빠-라 웨샤야 훔

옴, 금강저(와즈라)의 신이시여! 그 큰북 울릴 때 오시옵소서, 훔!

---

129   vajra: 남성·중성명사/단수/호격. 금강저여!
130   nara: 우주적 영.
131   ḍhakkā: 여성명사/단수/기구격. 큰북으로.
132   tayā: 대명사/단수/기구격. 그것으로.
133   samayā: 남성명사 samaya(시간)의 기구격. 여기서는 '~ 때'의 뜻이다.
134   praveśaya: pra√viś(편입하다)의 단수 이인칭 명령형.

금강저(와즈라)는 인도의 신 중에서 인드라(제석천)의 무기이고, 우리 불교에서는 금강역사의 무기이자 33관음보살 중 위덕관음이 들고 있는 것이기도 합니다. 따라서 이 진언은 법고가 울릴 때 불법의 수호신인 제석천이나 금강역사, 그리고 위덕관음보살님이 강림할 것을 요청하고 있다고 보겠습니다.

법단을 세우는 진언

건단진언(建壇眞言)

옴 난다 난다 나지나지 난다바리 사바하 (3번)

Oṁ nanda[135] nanda naṭi[136] naṭi nandabhārin[137] svāhā

옴 난다 난다 나띠 나띠 난다바-린 스와-하-

옴, 환희여, 환희여, 춤추는 이여, 춤추는 이여, 환희를 몰고 오는 이여, 스와-하-!

이 진언은 춤추는 신 쉬바, 곧 나타라자를 연상시키며, 그의 아내인 칼리 여신을 연상시킵니다. 그러나 쉬바나 칼리는 아닌 듯합

---

135 nanda: 남성명사 nanda(환희, 유쾌)의 단수/호격.
136 naṭi: 여성명사 naṭī(무희)의 단수/호격.
137 nandabhārin: nandabhārin(환희를 몰고오는 자)의 단수/호격.

니다. 이들도 불법의 수호신이 되었음에는 틀림없지만, 자비로운 관세음보살님과 부합되지 않습니다. 이 진언은 법단을 만드는 환희로운 마음이 반영된 것으로, 관세음보살님이 긴나라 등 노래하고 춤추는 팔부중의 모습으로 강림하신 모습을 그린 것이라고 보아도 좋겠습니다. 33응신 중에서는 유희(遊戲)관음보살님으로 그려졌습니다.

법계를 맑히는 진언

정법계진언(淨法界眞言)

나자색선백 공점이엄지
羅字色鮮白 空點以嚴之
羅(ㄹ) 자는 빛깔 곱고 희나니
이를 공점(·)으로 장엄하면

여피계명주 치지어정상
如彼髻明珠 置之於頂上
마치 저 상투에 밝은 구슬을
그 꼭대기에 올려놓은 듯

진언동법계 무량중죄제

眞言同法界 無量重罪除

진언은 법계와 같아져

무량한 무거운 죄 제거하리니

일체촉예처 당가차자문

一切觸穢處 當加此字門

온갖 더러운 곳 만날 때마다

마땅히 이 글자(ṛ)를 더하라

나무 사만다 못다남 남 (3번)

namo[138] samanta-buddhānāṃ[139] raṃ

나모 사만타 붓다-나암 람

항상 계시는 부처님들께 귀의합니다, 람

정법계진언은 "옴 람"입니다. 그런데 여기서는 게송을 포함하고 있습니다. 그 게송은 '람(ṛ)' 자가 탄생하는 과정을 노래하고 있습니다. '람'이라는 진언은 무량한 무거운 죄를 제거하리니 더러운 곳을 만날 때마다 '람(ṛ)' 자를 읊어서 법계를 맑히라는 주문입니다.

---

138   namo: namas/namaḥ의 연성. 중성명사/단수/주격. 귀의.

139   samanta-buddhānāṃ: 복수/여격. 항상 계시는(시방삼세에 상주하시는) 부처님들께.

그래서 마지막 정법계진언은 부처님께 귀의하는 내용을 포함합니다. "어디에나 항상 계시는 부처님들께 귀의합니다"라는 문장 뒤에 살짝 '람(र्)'을 넣어서 미묘하게 '정법계진언'이 되었습니다. 그래서 우리는 이 진언을 즐거이 다시, 자주 읊는 것이 우리 주위를 맑히는 매우 훌륭한 방편이라고 믿습니다.

"나모 사만타 붓다-나암 람!"

기도의 출발은
자신을 사랑하는 것으로부터

왜 자신을 사랑해야 하는가?

『현대불교』에 「자신을 진정으로 사랑합시다」라는 제목의 글을 썼더니, 그 글을 보신 지인이 "왜 자신을 사랑해야 하는지 모르겠다"고 물어왔습니다. 그는 여섯 살에 이미 어떻게 죽을 것인가를 고민했고, 이후 그 생각은 자신의 그림자가 되어 한시도 떠나지 않고 있다고 말합니다. 따라서 그에게는 자신을 받아들이는 것보다 외면하는 게 훨씬 쉬운 일이었고, 자신을 사랑하기보다는 원수를 사랑하는 것이 차라리 쉬운 일이랍니다. 그는 히말라야에 가서 실족사 가장하고 죽는 게 자신의 목표인데, '자신을 진정으로 사랑하자'는 저의 글을 읽으니, '자신을 어떻게 사랑해야 하는가?'보다 '자신을 왜 사랑해야 하는가?' 하는 문제가 화두가 되었답니다.

자신을 왜 사랑해야 하는가? 참으로 중요한 문제인데, 저는 누구나 당연히 자신을 사랑한다는 전제 아래 글을 썼던 것 같습니다. 그래서 오늘 이 문제를 진지하게 얘기하지 않을 수 없게 되었습니다.

자신을 사랑해야 하는 이유를 세 가지로 정리해봅니다. 첫째, 이 세상 모든 인간은 귀하게 탄생했습니다. 스스로 어떻게 생각하건 그는 어려운 관문을 뚫고 이 세상에 왔으며, 이 세상의 일원으로서 꼭 필요한 존재입니다. 둘째, 이 세상 모든 인간은 귀하게 살아갈 권리가 있습니다. 귀하게 탄생한 만큼 그에게는 귀하게 살아갈 권리가 주어졌습니다. 그래서 그는 자신의 권리를 지키기 위해 스스로 싸우기도 하고 집단을 이루어 싸우기도 합니다. 셋째, 이 세상 모든 인간은 귀하게 살아갈 의무가 있습니다. 인간이 스스로를 존중하면서 사는 것은 권리 이전에 의무입니다. 의무는 사회 속에서 발생하게 되므로, 인간은 자신이 속한 사회의 일원들과 함께 귀하게 살아야 한다는 것입니다. 여기에 하나 더 덧붙이자면, 살고 싶지 않다는 것은 이 세상을 벗어나고 싶다는 욕망의 발로이며, 살고 싶지 않다는 것 또한 자신을 사랑하기 때문에 생긴 욕망입니다.

자신을 사랑하지 않아도 된다는 생각은 어디서 비롯된 것일까요? 자신을 사랑하지 않아도 된다는 생각은 사는 것이 참 괴로워서 생겨났을 것입니다. 그래서 자신을 사랑하지 않음으로써, 아니 자신을 죽임으로써 괴로움에서 벗어날 수 있다고 생각하는 것이 아닐까요?

나라는 물건은 원래 존재하지 않았다, 라는 각성이

둔한 내 뒷골을 쑤셔야만 하리라

하하 원래 존재하지 않았다니,

그럼 죽고 싶어도 못 죽는단 말인가!

_진이정, 「아트만의 나날들」에서

　세상 모든 생명체는 번뇌를 완전히 여의지 않는 한 다시 태어남을 면치 못합니다. 이번 생에 자신의 목숨을 끊은들 그것으로 끝이 아니라는 것입니다. 그래서 죽고 싶어도 '완전히' 죽을 수는 없습니다. 그러니 '자신을 사랑하지 않는 방법'으로 고통을 종식시킬 수는 없는 것이지요.

　우리가 삶을 살아가는 이유에 대해 세상 사람들은 대체로 행복해지기 위해서라고 말하지만, 서은국 교수(연세대)는 '잘 생존하기' 위해서라고 말합니다. 모든 생명체의 공통된 목표는 '생존'이고, 행복도 '잘 생존하기' 위해서 추구하는 것이지요. 서 교수가 보기에 '잘 생존하는 것'은 생명을 보존하는 것이지만, 어떤 이는 '잘 생존하는 것'을 고통이 없는 상태라고 생각할 수도 있습니다. 자신을 사랑하지 못하겠다고 하는 분은 고통이 없는 상태가 되기 위해 자신을 사랑하지 않으려 하는 것은 아닐까요? 자신을 사랑하지 않으려는 분도 이미 자신을 사랑하고 있다고 보아야 합니다. 결국 그도 자신을 사랑하고 있음을 인정하고 진정으로 자신을 사랑하는 방법을 모색하는 것이 현명합니다.

만약 저의 지인이 진짜 자신을 사랑하지 않는 분이라면, 애써 히말라야에서 실족사하겠다는 목표도 세우지 않을 것입니다. 결국 그 목표도 자신을 사랑하기에 자신을 괴롭게 하는 몸과 마음을 '아름답게' 종식시키고 싶은 것이지요. 그래서 저는 감히 자신을 사랑하지 않으려는 모든 기획은 실패할 수밖에 없다고 말합니다. 따라서 지금부터라도 자신을 사랑하는 계획을 세우는 것이 진정으로 현명한 일이라고 주장합니다.

"관자재보살이 깊은 반야바라밀다를 행할 때 오온이 공한 것을 비추어보고 온갖 고통에서 건너느니라!"

어느 날 저는 『반야심경』의 첫 문장에서 아주 중요한 사실을 발견했습니다. 그것은 이타주의의 대명사 같은 관세음(관자재)보살님이 보살행을 펼치기 전에 당신 자신을 사랑하는 것부터 시작했다는 것이었습니다. 위 문장에서 온갖 고통을 극복하는 주체는 바로 관세음보살. 애초에는 관세음보살도 자신의 고통을 구제하는 것이 중요했음을 확인하는 순간이었지요.

이 대목에서 저는 진실한 기도의 출발도 곧 '자신을 진정으로 사랑하는 것'임을 분명하게 깨달았습니다. 어떻게 살 것인가? 이 질문에 대해 단 한 문장으로만 답하라고 하면, 저는 '자신을 진정으로 사랑해야 한다'라고 말하고 싶습니다. '진정으로'라는 부사어에 주목해야 합니다. 모든 사람이 자신을 사랑하긴 하지만 '진정으로' 사랑하지는 않기 때문입니다. 자신을 사랑한다고 하면서 진실은 자신의 욕망을 사랑하기 십상이고, 사랑하는 것이 아니라 애착하는 경우가 허다하고, 애착이 자기혐오로 이어지는 경우도 있습니다. 자기혐오로 이어지는 경우 자신을 사랑하지 않는다고 착각하게 되는데, 진실은 자신에게 오히려 집착한 결과입니다.

자신을 '진정으로' 사랑하는 방법을 저는 세 가지로 정리했습니다. 첫째, 자신을 잘 돌보아야 합니다(바른 생활). 문학평론가 정여울은 『나를 돌보지 않는 나에게』(김영사, 2019)라는 책에서 자신을 잘 돌본답시고 실제로는 자신을 들볶고 있는 것은 아닌지 돌아보아야 한다고 말합니다. 남들처럼 살려고 애쓰지 말고, 자신의 성격이 어떤지를 잘 살펴보고 그 성격에 맞게 자신을 잘 돌보면서 살아야 한다고 충고합니다. 자신을 잘 돌보는 최상의 방법은 바르게 생활하는 것입니다. 다시 말해 오계를 지키면서, 팔정도와 육바라밀, 십바라밀, 보현행원을 실천하면서 사는 것입니다.

둘째, 자신의 몸과 마음을 알아차려야 합니다(슬기로운 생활). 불교 교육을 받은 적 없는 한 보살님이 어느 날 상담하러 왔습니다. 한 무당을 알게 되었는데, 그 무당이 자식들이 단명할 운명이니 천도재를 해야 한다고 권했다는 것이었습니다. 저는 『법구경』 113송을 전하면서 전화기에서 무당 전화번호 지우고 불교기본교육을 받으라고 했습니다. 교육을 받고 진실한 불자가 된 그 보살님의 자식들은 여전히 건재합니다.

> 오온이 일어나고 사라지는 것을 알아차리지 않고
> 백 년을 사는 것보다
> 단 하루라도 오온이 일어나고 사라지는 것을
> 알아차리면서 사는 것이 훨씬 낫다
> _『법구경』113송

부처님 시대 빠따짜라는 남편과 아이 둘을 데리고 친정으로 가다가 남편과 아이들을 잃었습니다. 지친 몸으로 친정에 갔더니 친정집마저 폭우에 휩쓸려간 이후였습니다. 빠따짜라는 반미치광이가 되어 부처님을 만나 출가하게 되었고, 발을 씻다가 깨달음을 얻었습니다. 이에 부처님께서 빠따짜라를 격려하면서 읊으신 게송이 『법구경』113송입니다.

자신을 진정으로 사랑하는 세 번째 방법은 '자신을 내려놓는 것'입니다(고요한 생활). '자신'은 몸과 마음으로 나뉘는바, 여기서는 마음에 해당하는 생각을 내려놓는 것을 말합니다. 우리는 실로 온갖 생각의 숲속에서 한시도 쉬지 못하고 있습니다. 자신을 진정으로 사랑하는 사람이라면, 하루에 잠깐이라도 자신을 진정으로 휴식할 수 있게 해주어야 합니다. 아무리 바빠도 1시간 이상은 공원이나 숲길을 산책하고, 자연과 함께 숨 쉬어야 합니다. 그리고 그 시간에는 일과 의무로부터 해방되어야 합니다.

이렇게 자신을 잘 돌보고, 알아차리고, 내려놓는 것, 그것이 진정한 기도이고 수행입니다. 우리는 '진정한 이기주의자'가 되어야 합니다. '어설픈 이기주의자'는 자신의 욕망을 챙기느라 자신을 돌보지 못하고 오히려 파멸시킵니다. 자신을 제대로 챙길 수 있는 이가 '진정한 이기주의자'입니다. 이제 '어설픈 이기주의자'를 떠나 '진정한 이기주의자'로 거듭나는 것, 그것이 '진정한 기도'의 출발임을 다시 한번 명심합니다.

크고 넓은 바다를 보아라
무릇 낮은 자리에 있지만
만물이 함께 만남에 온갖 물결 받아들이고
넓고 아득하여 천 개의 시내가 장구하도다
試觀滄海大 盖以在卑然 朝宗容萬派 浩淼長千川
_무경자수(無竟子秀, 1664~1737), 「마음가짐(持心)」

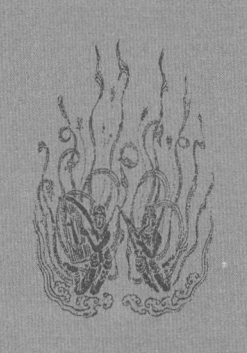

제9장

결론

●

천수경에 행복의 비결이 있다

천수경에 행복의 비결이 있습니다

천수경에 행복의 비결이 있습니다. 부처님께서는 『숫따니빠따』의 「최상의 행복경(Mahāmaṅgala-sutta)」에서 행복이란 무엇인지를 명료하게 말씀하셨습니다. 그 내용을 먼저 소개해드립니다.

우매한 사람들과 사귀지 않고
현명한 사람들과 가까이하며
훌륭한 스승들을 공경하나니
이것이 최상의 행복이어라

알맞은 곳에 살며 공덕 쌓고
스스로 바른 서원 세워 사는 것
이것이 최상의 행복이어라

학식이 고매하며 기술 능하고
계율을 잘 지키고 늘 실천하며
유익한 언어생활 하고 있으니
이것이 최상의 행복이어라

동반자 부모 자녀 잘 돌보는 것
모든 일 정연하여 혼란치 않아
이것이 최상의 행복이어라

베풀며 정의롭게 살고 있으며
친지를 보호하고 보살피나니
남에게 비난받을 행동 안 하네
이것이 최상의 행복이어라

악함을 멀리하고 술 절제하며
덕행을 쌓아가고 복을 지으니
이것이 최상의 행복이어라

존경과 겸손함을 길러가면서
만족과 감사함의 마음으로써
알맞은 때에 따라 법문 들으니

이것이 최상의 행복이어라

인내와 용서 관용 온화함으로
진지한 태도 갖춰 수행을 하며
선지식 친견하여 점검받으니
이것이 최상의 행복이어라

열심히 정진하고 청정히 살며
거룩한 진리 세계 관조하여서
궁극적 열반 세계 실현하나니
이것이 최상의 행복이어라

세상의 온갖 일에 동요치 않고
안온과 담담함이 충만하여서
비탄과 탐욕에서 자유로우니
이것이 최상의 행복이어라

이처럼 수행하며 살아간다면
그 어떤 경우에도 좌절치 않아
언제나 평온함이 함께하리니
최상의 행복함이 충만하리라

이 경에 나와 있는 행복의 조건은 약 33가지나 됩니다. 그중 한 연에서 한 가지씩만 뽑아보겠습니다. ① 좋은 벗, ② 바른 서원, ③ 바른 생활(계율), ④ 화목한 가정, ⑤ 베풂 또는 보시, ⑥ 정의롭게 사는 것, ⑦ 감사하는 마음으로 법문 듣기 등은 일반적인 행복의 조건이라고 할 수 있겠습니다. ⑧ 수행 그리고 선지식 친견, ⑨ 열반 성취, ⑩ 비탄과 탐욕으로부터의 자유 등은 궁극적인 행복을 위한 조건입니다. 이러한 조건들이 모두 충족되어야 행복해진다는 것이 아닙니다. 이 중 한 가지만 있어도 우리는 행복할 수 있는데, 딱 한 가지만 있는 경우는 없습니다. 왜냐하면 이들 조건들은 서로 연결되어 있기 때문입니다.

일반적인 행복의 조건 일곱 가지는 누구나 쉽게 얻을 수 있는 것들입니다. 이 조건들은 천수경의 게송이나 다라니의 가르침과 완벽하게 부합합니다. 위 조건들을 염두에 두면서 천수경에 담겨 있는 행복의 비결을 새겨보시기 바랍니다.

긍정적인 말을 하십시오

천수경은 '정구업진언'으로 시작합니다. 정구업진언의 내용은 특별한 것이 아니었습니다. "길상이어라, 길상이어라, 묘길상이어라, 대길상이어라"가 진언의 내용입니다. 말로 지은 업 매우 무겁습니다. 그런데 그 업을 맑히는 진언은 그저 긍정적인 말입니다. 긍정적인 말이 우리의 업을 맑히는 해독제와 같은 것임을 우리는 명심해야 합니다. 이렇게 긍정적인 말을 하다 보면, 좋은 벗을 만나게 되며, 바른 생활을 하게 되고, 화목한 가정을 유지할 수 있을 것입니다.

부처님과 보살님께 귀의하십시오

천수경에 나오는 진언을 살펴보고 부처님께 귀의한다는 내용이 많은 것에 놀라지 않으셨습니까?

부처님께 귀의한다는 내용이 나오는 진언을 살펴보겠습니다.

① 오방내외안위제신진언에는 항상하시는 부처님께 귀의한다는 내용이 나옵니다. ② 대다라니에는 삼보에 귀의한다는 내용이 앞뒤에 나옵니다. ③ 참회진언에도 부처님께 귀의한다는 내용이 나옵니다. ④ 준제진언에도 정등각께 귀의한다는 내용이 나옵니다. ⑤ 보너스 진언 쪽의 정법계진언에도 항상하시는 부처님께 귀의한다는 내용이 나옵니다.

결국 주위 모든 신의 안녕을 보장하고 신들의 강림을 위해서도 부처님께 귀의해야 하고, 참회를 위해서도 그러하며, 준제보살님께 도움을 청할 때도 부처님께 귀의해야 하며, 법계를 맑히기 위해서도 부처님께 귀의해야 함을 알 수 있습니다. 더욱 중요하게는 엄청난 공덕을 보장하는 신묘장구대다라니의 서두와 결론이 부처님께 귀의하는 것입니다. 이렇게 부처님께 귀의하는 것은 큰 효력을 발휘합니다.

가히 행복의 비결이 부처님께 귀의하는 것이라고 할 수 있지 않겠습니까? 게다가 게송까지 살펴본다면 부처님께 귀의하는 것이 얼마나 중요한지 알 수 있을 것입니다.

관세음보살님에 대한 귀의도 매우 중요합니다. 그러나 천수경의 주인공 또는 주요 경배 대상이 관세음보살님이라는 점에서 관세음보살님에 대한 귀의는 특별히 강조하지 않겠습니다.

분명한 원을 세우고 간절하게 원하십시오

천수경의 여러 게송 중에서 가장 큰 비중을 차지하는 것이 원(願)입니다. 천수경의 원에는 크게 별원과 총원이 있는데, 별원은 10원과 6향, 총원은 여래십대발원문과 사홍서원으로 나뉩니다. 이 밖에도 자세히 보면 게송마다 원이 담겨 있음을 확인할 수 있습니다. 결국 수많은 게송과 진언은 모두 이 '원'의 성취를 위한 것입니다. 이 원은 천수경 독경의 목적이기도 합니다.

누구나 자신이 목표한 바를 이루면 행복해집니다. 그런데 목표한 바를 애매하게 설정하거나 목표한 바를 만들어놓지 않으면 성취도 있을 수 없습니다. 목표한 바를 바르게 세우는 것이 '원'입니다. 천수경에 원이 큰 비중을 차지하듯이, 우리들도 원을 바르게 세워봅시다. 그것이 행복으로 가는 훌륭한 비결입니다.

감사하는 마음으로 칭찬하십시오

남이 짓는 공덕에 대해서 아낌없이 칭찬해보십시오. 칭찬받을 공덕이란 대부분 본인에게뿐만 아니라 이웃을 비롯한 남에게도 도움이 되는 것입니다. 그 공덕의 수혜자가 내가 될 수 있음은 자명합니다. 따라서 칭찬하는 것도 당연한 일입니다.

천수경에서는 도량찬과 사방찬을 들 수 있습니다. 남을 칭찬하는 내용은 아니지만, 주위의 모든 것을 긍정적으로 바라보고 찬양하는 마음이 게송에 나타나 있습니다. 이러한 마음을 우리 스스로 가져봅시다. 현실적으로 쉽지 않을 일도 거뜬히 해내는 기적이 생길 것입니다.

신묘장구대다라니는 관세음보살님의 화신이 되는 여러 존재들에 대한 찬탄입니다. 그들의 공덕을 찬탄하고, 그들의 능력을 찬탄하는 내용입니다. 관세음보살님과 관세음보살님의 화신들의 가피를 받으려면 그들을 열렬히 찬탄해야 함을 말해줍니다.

세상 모든 존재는 관세음보살님처럼 청정한 마음, 곧 불성을 가지고 있습니다. 세상 모든 존재를 찬탄하고 칭찬할진대, 공덕을 짓는 이에 대해서는 더욱 크고 진실하게 찬탄하고 칭찬해야 할 것입니다.

칭찬 및 찬탄은 남의 마음을 청정하게 해줍니다. 남의 마음을 맑혀주는 것은 큰 공덕입니다. 남의 마음을 맑혀주면 내 마음도 맑아집니다. 이 어찌 큰 공덕이 되지 않을 수 있겠습니까?

참회하십시오

내 마음이 청정해야 불보살님이나 신중들도 나를 기꺼이 도와주십니다. 내 몸을 맑히기 위해서는 목욕을 해야겠지만, 내 마음을 맑히기 위해서는 참회해야 합니다. 그래서 천수경에는 참회의식이 제법 길게 들어가 있습니다.

일상생활에서도 마찬가지입니다. 내가 잘못한 일이 있을 때 가급적이면 빠르게 진심으로 사과하십시오. 그러면 상대방이 불보살님이나 신중이 되어 어느새 나의 편이 됩니다. 참회, 행복해지는 참으로 훌륭한 비결입니다.

탐욕과 허위의식을 버리고 떳떳한 생활을 합시다

「최상의 행복경」에서도 정의로운 생활을 행복의 조건이라 하셨습니다. 정의로운 생활을 하면 나 자신에게도 남에게도 떳떳해집니다. 그러기 위해서는 탐욕을 줄이고 허위의식을 없애야 합니다. 탐욕과 허위의식이 팽배한 이는 만족을 몰라 행복할 수 없을뿐더러 결국 자신이 만든 덫에 걸리게 됩니다.

우리 사회의 허위의식은 모든 사람을 사장으로 만들었습니다. 언제부터였을까요, 기분 좋게 한답시고 모든 사람을 "사장님!"이라고 부르게 된 것이? 우리 사회에 팽배해 있는 허위의식의 반영입니다. 허위의식은 거짓말을 부릅니다. 한때 우리 사회를 떠들썩하게 했던 학력 위조 사건은 허위의식의 결과입니다.

허위의식은 내가 진정으로 원하는 것을 하게 하는 것이 아니라 남들이 부러워하는 것만을 하게 합니다. 프랑스의 문학자 르네 지라르는 『낭만적 거짓과 소설적 진실』이라는 책에서 우리는 자신의 욕망이 아니라 남의 욕망으로 살아간다고 했습니다. 자신이 진실로 원하는 것이 아닌, 남들이 그저 좋다고 하는 것을 욕망한다는 것입니다.

자신이 진짜 원하는 것이 아니라 남들이 부러워하는 것을 한다고 해봅시다. 잘나갈 때는 행복한 것 같지요. 그러나 어떤 일을 하든 항상 잘되는 것은 아닙니다. 결국 장애가 왔을 때 크나큰 좌절감에 불행해지고 맙니다. 그러나 내가 진정으로 원하는 것을 하는 사람은 장애가 왔을 때 오히려 힘을 내어 역경을 이겨내고 크게 성취하게 됩니다.

허위의식으로부터 자신의 마음을 해방시키십시오. 우리 삶이 갑자기 행복해집니다. 허위의식 속에서 우리 마음은 돌멩이를 가슴에 품은 듯 자유롭지 않았는데, 이제는 마음의 돌멩이를 던져버리고 홀가분해졌기 때문입니다.

천수경은 '십악참회'나 '발원', '서원'을 통해 바르고 떳떳한 생활을 강조하고 있습니다. 바르고 떳떳한 생활이 행복으로 가는 지름길입니다.

내 안에 불성이 있음을 자부하십시오

옴 스와바-와 슛다-하 사르와 다르마-하 스와바-와 슛도함!
Oṁ svabhāva-śuddhāḥ sarva-dharmāḥ svabhāva-śuddho' ham

기억나십니까? 정삼업진언입니다. 몸과 말과 뜻으로 지은 업을 맑히는 진언입니다. 업을 맑히는 진언은 '모든 법은 자성이 청정하다, 나도 자성이 청정하다'라는 내용입니다. 이 진언은 자신에 대한 자부심이 곧 신구의로 지은 업을 맑힌다고 웅변하고 있습니다.

우리들이 청정한 이유는 우리에게는 모두 불성이 있기 때문입니다. 우리의 본성이 불성이기 때문입니다. 우리가 부처님 무량공덕 생명이라는 것에 스스로 자부심을 가지십시오. 우리의 본성이 무슨 대단한 능력이 있어서 불성인 것이 아닙니다. 누구나 고유의 가치가 있기 때문에 우리의 본성은 불성인 것입니다.

그래서 천수경 속 사홍서원은 자성의 중생을 건지고, 자성의 번뇌를 끊고, 자성의 법문을 배우고, 자성의 불도를 이루겠다는 서원을 포함합니다. 이 게송은 자성 속에 중생이 있고, 자성 속에 번뇌가 있고, 자성 속에 법문이 있으며, 자성 속에 불도가 있음을 가르칩니다. 다시 말하면 자성은 중생과 번뇌와 법문과 불도를 포함하고 있으니, 구원해주어야 할 것도 내 안에 있고 버릴 것도 내 안에 있고 배울 것도 내 안에 있으며 성취해야 하는 것도 내 안에 있다는 것입니다.

이제는 헛된 탐욕과 허위의식을 버리고 불자로서 자부심을 가져 보십시오. 현재 나는 남들이 보기에는 부족해도 스스로는 부처님의 최상 법문을 배우고 있음에, 백천만 겁토록 만나기 어려운 불법을 만나 내 안의 불성을 계발하고 있음에 크나큰 자부심을 가지시기 바랍니다. 그러면 「최상의 행복경」에서 말씀하셨듯, "세상의 온갖 일에 동요치 않고 / 안온과 담담함이 충만하여서 / 비탄과 탐욕에서 자유로우니" 최상의 행복을 누리게 될 것입니다.

자신의 공덕을 널리 회향하십시오

준제게의 발원은 "원공중생성불도"요, 여래십대발원의 결론은 "원아광도제중생"이며, 발사홍서원의 첫 번째 항목은 "중생무변서원도"입니다. 모두 중생에게 자신의 공덕을 회향하는 내용입니다.

보현보살의 10대 행원의 마지막 결론이 회향이듯이, 불자는 자신이 지은 공덕을 널리 회향해야 합니다. 그때 진정으로 행복이 옵니다. 왜냐하면 우리는 모두 관계 속에서 행복을 느끼는 존재이기 때문입니다.

　생각해보십시오. 내가 진정으로 행복했던 순간이 언제인지 돌이켜보십시오. 나 혼자서 배불렀을 때입니까? 나 혼자서 좋은 것 볼 때입니까? 나 혼자서 즐거웠다 하더라도 그 즐거움을 남과 나누지 않으면 그 행복은 오래가지 못합니다.

　설사 나 혼자서 행복했다 하더라도 그것이 나 혼자만의 것일 때는 반드시 그 행복을 빼앗아가는 이가 있게 마련입니다. 회향이 없으면 진정한 행복은 없습니다.

선정을 닦으십시오

　현대인은 바쁩니다. 최근 백 년 동안 이루어진 변화를 살펴보면, 그 변화는 19세기 이전 2천 년 동안의 변화에 맞먹습니다. 따라서 우리는 과거 조상들에 비해 2백 배 이상 바쁠지도 모릅니다. 바쁘다 보니 현대인은 마음이 고요해질 겨를이 없습니다.

　다라니를 청하는 게송 중 "백천삼매돈훈수"라는 구절이 나옵니다. 백천 가지 삼매를 닦아서 단박에 이루기를 원한다는 게송입니다.

　삼매(선정)는 마음을 완전히 놓아버리는 것입니다. 마음을 완전히 쉬는 것입니다. 엄밀히 말하면 수행이 아닙니다. 그런데 우리 현대인은 워낙 바쁘다 보니 마음을 완전히 놓고 쉬는 것이 일하는 것보다 어렵습니다.

선정은 재충전입니다. 배터리가 떨어지면 모터도 나가게 되어 있습니다. 그런데 우리는 마음의 배터리에 충전도 하지 않고 모터를 냅다 돌리기만 합니다.

열심히 일한 후에 가끔씩 마음을 완전히 내려놓고 선정에 드는 습관을 길러보십시오. 거기에 행복으로 가는 첩경이 있습니다.

다라니를 외십시오

『천수천안관세음보살무애대비심다라니경』에 다라니를 외는 공덕이 잘 나와 있지요. 관세음보살님께서는 많은 화신들에게 다라니를 외는 불자들을 옹호할 것을 당부하셨습니다. 그런 당부가 아니더라도 다라니를 외면 몸과 마음이 건강해집니다. 큰 깨달음을 얻습니다. 다라니를 외면 세속적인 행복뿐만 아니라 궁극적인 행복에도 도달할 수 있습니다.

천수경을 공부한 불자들은 다라니를 외는 습관을 길러보십시오. 대다라니가 아니어도 좋습니다. 정구업진언이나 참회진언이나 정법계진언도 좋습니다. 이왕이면 그 뜻도 한 번씩 생각하시면서 외어보십시오. 예를 들어, 참회진언 외어볼까요?

옴 사르와 붓다 보디삿뜨와-야 스와-하-
옴, 모든 불보살님께 스와-하- (영광이 있기를)!

계속 반복해보십시오. 어떻습니까? 행복하십니까? 아직 행복하지 않다면 당신의 인생이 아직 끝나려면 멀었다는 뜻입니다. 왜냐하면 다라니를 외는 한 당신의 인생은 해피엔딩이니까요.

현대사회에서 성공하기 위한
'마음의 법칙'

괴로운 삶을 살아가면서도 괴로움을 회피하려거나 즐거움에 집착하려 하지 않고 자성을 닦아 밝은 성품을 드러내어 참 지혜를 알게 된다면 부처님의 법성을 실현하고 자기 생명을 밝은 빛으로 생장시키는 계기가 될 것이다.

_『광덕 스님 법어록』, 274쪽

'부처님오신날'이라는 작명은 참으로 탁월합니다. 진정으로 부처님께서는 태어나신 것이 아니라 오신 것이기 때문입니다.

부처님의 전신인 호명보살은 수미산의 사방에 있는 네 대륙을 살펴보았습니다. 동승신주는 인간들이 키가 크고 시원스런 용모를 한 살기 좋은 곳이었고, 서우화주는 소를 화폐로 사용하는 평화로운 곳이었으며, 북구로주는 네 대륙 가운데 가장 살기 좋은 곳이었습니다. 남섬부주는 질투와 투쟁이 난무하는 번뇌의 땅이었습니다. 부처님은 남섬부주를 선택하셨습니다.

이 신화를 통해 저는 부처님의 일생이 운명적으로 정해진 것이 아니라 당신께서 철저하게 선택하고 만들어나가셨음을 알았습니다. 선택은 원(願)이고, 완성은 힘(力)을 필요로 합니다. 다시 말해 부처님께서는 원력으로 당신의 일생을 완벽한 붓다의 생애로 만드신 것입니다.

부처님께서 하실 일은 번뇌 많은 이들을 평안하게 하는 일이었기 때문입니다. 부처님께서는 우리 남섬부주 사람들이 불쌍하여 이곳으로 오셔서 고생을 자초하셨습니다. 그러나 고생을 자초하신 부처님의 일생은 결코 불행하지 않았습니다. 부처님의 일생이야말로 인류 역사상 가장 행복한 일생이었고, 가장 아름다운 일생이었고, 가장 위대한 일생이었습니다.

우리 불자들이 할 일은 바로 그것입니다. 평안함을 구하는 것이 아닙니다. 우리 불자들은 다시 태어나야 합니다. 다시 태어나는 일을 큰스님께서는 '깨달음'이라 하셨습니다. 깨달음이란 무엇일까요? 바로 자신이 어떻게 살아야 하는지를 아는 것입니다. 부처님의 생애와 큰스님의 가르침을 통해 성공하는 삶을 만들어가는 '마음의 법칙'을 생각해보겠습니다. (광덕 지음, 『행복의 법칙』, 불광출판사, 2015[개정판], 255쪽)

첫째, 우리는 불자로서 부처님의 무량공덕을 쓸 수 있는 권리를 부여받았음을 굳게 믿어야 합니다. 부처님처럼 목표를 분명히 하고 그 목표를 향해 달려갈 수 있도록 힘을 비축한다면 우리는 반드시 성공합니다.

둘째, 누구를 만나든 어떤 환경에서든 나는 화합하고 조화를 이루며 살겠다는 마음이어야 합니다. 부처님은 사대륙 중에서 가장 험난한 남섬부주를 선택하였습니다. 부처님처럼 많은 난관을 겪은 사람도 드물 것입니다. 그러나 부처님은 그런 환경이나 당신을 괴롭히는 이들을 원망하지 않으셨습니다. 어떤 경우에도 화합하고 조화를 이루겠다는 굳은 의지가 필요합니다.

셋째, 정당한 꿈은 반드시 실현된다는 확신을 가져야 합니다. 바른 원력을 지닌 이는 부처님께서 이끌어주십니다. 소원을 성취하기 위해 열심히 노력하고, 그 결과는 부처님께 맡겨보십시오.

이 세 가지 성공하는 '마음의 법칙'을 굳게 믿고 실천하면 반드시 성공합니다. 그럴 때 이 '마음의 법칙'은 곧 '성공의 법칙입니다.

생활에 조금 어려움이 있다 하여 그것이 나쁜 것이고, 고통이 적다고 하여 그것이 꼭 좋은 것이라고 말할 수 없다. 평화로운 일상과 뜻대로 일이 잘 풀리는 삶을 보내고 있다면, 과거에 지은 좋은 업이 나타나는 것이다. 그러므로 현재 괴롭다면 그것은 과거에 지은 나쁜 업의 결과이므로, 한편으로는 업장이 소멸되는 과정임을 알아야 한다.

_『광덕 스님 법어록』, 275쪽

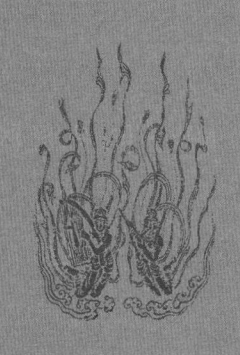

부록

•

우리말 천수경 - 대한불교조계종 표준본

우리말 천수경 - 광덕 큰스님 역

한문 천수경

부록
1

우리말 천수경

| 대한불교조계종 표준본 |

정구업진언(淨口業眞言, 구업을 청정케 하는 진언)
수리수리 마하수리 수수리 사바하 (3편)

오방내외안위제신진언(五方內外安慰諸神眞言, 오방내외 신중을 편안하게 모시는 진언)
나무 사만다 못다남 옴 도로 도로 지미 사바하 (3편)

개경게(開經偈, 경전을 펴는 게송)
위없이~ 심히깊은 미묘한법을
백천만겁 지난들~ 어찌만나리.

제가이제 보고듣고 받아지니니
부처님의 진실한뜻 알아지이다.

개법장진언(開法藏眞言, 법장을 여는 진언)
옴 아라남 아라다 (3편)

천수천안 관음보살 광대하고 원만하며
걸림없는 대비심의 다라니를 청하옵니다.

자비로운 관세음께 절하옵나니
크신원력 원만상호 갖추시옵고
천손으로 중생들을 거두시오며
천눈으로 광명비춰 두루살피네.

진실하온 말씀중에 다라니펴고
함이없는 마음중에 자비심내어
온갖소원 지체없이 이뤄주시고
모든죄업 길이길이 없애주시네.

천룡들과 성현들이 옹호하시고
백천삼매 한순간에 이루어지니

이다라니 지닌몸은 광명당이요
이다라니 지닌마음 신통장이라

모든번뇌 씻어내고 고해를건너
보리도의 방편문을 얻게되오며
제가이제 지송하고 귀의하오니
온갖소원 마음따라 이뤄지이다.

자비하신 관세음께 귀의하오니
일체법을 어서속히 알아지이다.
자비하신 관세음께 귀의하오니
지혜의눈 어서어서 얻어지이다.
자비하신 관세음께 귀의하오니
모든중생 어서속히 건네지이다.
자비하신 관세음께 귀의하오니
좋은방편 어서어서 얻어지이다.
자비하신 관세음께 귀의하오니
지혜의배 어서속히 올라지이다.
자비하신 관세음께 귀의하오니
고통바다 어서어서 건너지이다.
자비하신 관세음께 귀의하오니

계정혜를 어서속히 얻어지이다.

자비하신 관세음께 귀의하오니

열반언덕 어서어서 올라지이다.

자비하신 관세음께 귀의하오니

무위집에 어서속히 들어지이다.

자비하신 관세음께 귀의하오니

진리의몸 어서어서 이뤄지이다.

칼산지옥 제가가면 칼산절로 꺾여지고

화탕지옥 제가가면 화탕절로 사라지며

지옥세계 제가가면 지옥절로 없어지고

아귀세계 제가가면 아귀절로 배부르며

수라세계 제가가면 악한마음 선해지고

축생세계 제가가면 지혜절로 얻어지이다.

나무 관세음보살마하살

나무 대세지보살마하살

나무 천수보살마하살

나무 여의륜보살마하살

나무 대륜보살마하살

나무 관자재보살마하살

나무 정취보살마하살

나무 만월보살마하살

나무 수월보살마하살

나무 군다리보살마하살

나무 십일면보살마하살

나무 제대보살마하살

나무 본사아미타불 (3편)

신묘장구 대다라니(神妙章句大陀羅尼, 신묘한 대다라니)

나모 라다나 다라야야 나막알약 바로기제 새바라야 모지사다바야 마하사다바야 마하가로 니가야 옴 살바 바예수 다라나 가라야 다사명 나막 까리다바 이맘알야 바로기제 새바라 다바 니라간타 나막하리나야 마발다 이사미 살발타 사다남 수반아예염 살바보다남 바바마라 미수다감 다냐타 옴 아로계 아로가 마지로가 지가란제 혜혜하례 마하모지 사다바 사마라 사마라 하리나야 구로구로 갈마 사다야 사다야 도로도로 미연제 마하미연제 다라다라 다린 나례 새바라 자라자라 마라미마라 아마라 몰제예혜혜 로계새바라 라아 미사미 나사야 나베사미사미 나사야 모하자라 미사미 나사야 호로호로 마라호로 하례 바나마나바 사라사라 시리시리 소로소로 못쟈못쟈 모다야 모다야 매다리야 니라간타 가마사 날사남 바라하라나야 마낙 사바하 싯다야 사바하 마하싯다야 사바하 싯다유예 새바라야 사

바하 니라간타야 사바하 바라하 목카싱하 목카야 사바하 바나마 하
따야 사바하 자가라 욕다야 사바하 상카섭나네 모다나야 사바하 마
하라 구타다라야 사바하 바마사간타 이사시체다 가릿나 이나야 사
바하 먀가라 잘마니바 사나야 사바하 나모 라다나 다라야야 나막
알야 바로기제 새바라야 사바하

[사방찬](四方讚, 사방을 깨끗이 하는 찬)-독송은 하지 않음.

동방에~ 물뿌리니 도량이맑고

남방에~ 물뿌리니 청량얻으며

서방에~ 물뿌리니 정토이루고

북방에~ 물뿌리니 평안해지네.

[도량찬](道場讚, 청정한 도량의 찬)-독송은 하지 않음.

온도량이 청정하여 티끌없으니

삼보천룡 이도량에 강림하시네

제가이제 묘한진언 외우옵나니,

대자대비 베푸시어 가호하소서

[참회게](懺悔偈, 죄업을 뉘우치는 게송)-독송은 하지 않음.

지난세월 제가지은 모든악업은

옛적부터 탐진치로 말미암아서

몸과 말과 생각으로 지었사오니

제가이제 모든죄업 참회합니다.

[참제업장십이존불](懺除業障十二尊佛, 열두 부처님을 칭명하여, 듣게 되면 업장이 소멸되는 가지참회법)-독송은 하지 않음.

나무 참제업장 보승장불

보광왕 화렴조불

일체향화 자재력왕불

백억항하사 결정불

진위덕불

금강견강 소복괴산불

보광월전 묘음존왕불

환희장마니 보적불

무진향 승왕불

사자월불

환희장엄 주왕불

제보당마니 승광불

[십악참회](十惡懺悔, 열 가지 악업을 참회함)-독송은 하지 않음.

살생으로 지은죄업 참회합니다.

도둑질로 지은죄업 참회합니다.

사음으로 지은죄업 참회합니다.

거짓말로 지은죄업 참회합니다.

꾸민말로 지은죄업 참회합니다.

이간질로 지은죄업 참회합니다.

악한말로 지은죄업 참회합니다.

탐욕으로 지은죄업 참회합니다.

성냄으로 지은죄업 참회합니다.

어리석어 지은죄업 참회합니다.

오랜세월 쌓인죄업 한생각에 없어지니

마른풀이 타버리듯 남김없이 사라지네.

죄의자성 본래없어 마음따라 일어나니

마음이~ 사라지면 죄도함께 없어지네.

모든죄가 없어지고 마음조차 사라져서

죄와마음 공해지면 진실한~ 참회라네

참회진언(懺悔眞言, 죄업을 뉘우치는 진언)

옴 살바 못자모지 사다야 사바하 (3편)

[준제찬](준제주의 찬)-독송은 하지 않음.

준제주는 모든공덕 보고이어라

고요한~ 마음으로 항상외우면

이세상~ 온갖재난 침범못하리

하늘이나 사람이나 모든중생이

부처님과 다름없는 복을받으니

이와같은 여의주를 지니는이는

결정코~ 최상의법 이루오리라.

나무 칠구지불모대준제보살 (3편)

정법계진언(淨法界眞言, 법계를 맑게 하는 진언)

옴 람 (3편)

호신진언(護身眞言, 몸을 보호하는 진언)

옴 치림 (3편)

관세음보살 본심미묘 육자대명왕진언(觀世音菩薩本心微妙六字大明王眞言, 관세음보살님의 본마음을 보여주는 미묘한 육자대명왕진언)

옴 마니 반메 훔 (3편)

준제진언(准提眞言)

나무 사다남 삼먁삼못다 구치남 다냐타

「옴 자례주례 준제 사바하 부림」 (3편)

[준제발원](准提發願, 준제보살의 발원)-독송은 하지 않음.

제가이제 준제주를 지송하오니
보리심을 발하오며 큰원세우고
선정지혜 어서속히 밝아지오며
모든공덕 남김없이 성취하옵고
수승한복 두루두루 장엄하오며
모든중생 깨달음을 이뤄지이다.

여래십대발원문(如來十大發願文, 부처님께 발하는 열 가지 원)

원하오니 삼악도를 길이여의고
탐진치~ 삼독심을 속히끊으며
불법승~ 삼보이름 항상듣고서
계정혜~ 삼학도를 힘써닦으며
부처님을 따라서~ 항상배우고
원컨대~ 보리심에 항상머물며
결정코~ 극락세계 가서태어나
아미타~ 부처님을 친견하옵고
온세계~ 모든국토 몸을나투어
모든중생 빠짐없이 건져지이다.

발사홍서원(發四弘誓願, 네 가지 큰 서원)

가없는~ 중생을~ 건지오리다.

끝없는~ 번뇌를~ 끊으오리다.

한없는~ 법문을~ 배우오리다.

위없는~ 불도를~ 이루오리다.

자성의~ 중생을~ 건지오리다.

자성의~ 번뇌를~ 끊으오리다.

자성의~ 법문을~ 배우오리다.

자성의~ 불도를~ 이루오리다.

제가 이제 삼보님께 귀명합니다

시방세계 부처님께 귀명합니다.

시방세계 가르침에 귀명합니다.

시방세계 스님들께 귀명합니다.

부록 2

우리말 천수경

| 광덕 큰스님 역 |

[보례게(普禮偈)]

저희이제　일심으로　염하온중에
이몸으로　무량한몸　나타내어서
시방세계　두루계신　삼보님전에
빠짐없이　한이없이　절하옵니다

보례진언(普禮眞言)

옴 바아라 믹 (3번)

정구업진언(淨口業眞言)

수리수리 마하수리 수수리 사바하 (3번)

오방내외안위제신진언(五方內外安慰諸神眞言)

나무 사만다 못다남 옴 도로도로 지미 사바하 (3번)

개경게(開經偈)

위없이	심히깊은	미묘법이여
백천	만겁인들	어찌만나리
내이제	보고듣고	받아지니니
부처님의	진실한뜻	알아지이다

개법장진언(開法藏眞言)

옴 아라남 아라다 (3번)

[대비주계청(大悲呪啓請)]

천수천안	관음보살	광대하고	원만하고
걸림없는	대비심의	신묘법문	열리소서

관음보살	대비주께	계수합니다
자비원력	넓고깊고	상호갖추고
일천팔로	장엄하고	중생거두며
천눈으로	광명놓아	두루비추고

진실하온   말씀중에   비밀설하며
함이없는   마음중에   자비심내어
온갖소원   지체없이   이뤄주셔라
온갖죄업   길이길이   멸해없애고
천룡들과   성현들이   감싸주시사
백천삼매   순식간에   이루게하니
이다라니   가진몸은   광명당이오
이다라니   지닌마음   신통장이라
모든번뇌   맑혀지고   삼계를벗고
대보리   방편문을   얻어지이다
제가이제   지송하고   귀의하오니
원하는바   원만하게   이뤄지이다

대자대비   관세음께   귀의합니다
일체법을   어서속히   알아지이다
대자대비   관세음께   귀의합니다
지혜의눈   어서어서   얻어지이다
대자대비   관세음께   귀의합니다
일체중생   어서속히   건네지이다
대자대비   관세음께   귀의합니다
좋은방편   어서어서   얻어지이다

대자대비　　관세음께　　귀의합니다
반야선에　　어서속히　　올라지이다
대자대비　　관세음께　　귀의합니다
고통바다　　어서어서　　건네지이다
대자대비　　관세음께　　귀의합니다
계정도를　　어서속히　　얻어지이다
대자대비　　관세음께　　귀의합니다
원적산에　　어서어서　　올라지이다
대자대비　　관세음께　　귀의합니다
무위사를　　어서속히　　만나지이다
대자대비　　관세음께　　귀의합니다
법성신을　　어서어서　　이뤄지이다

제가만약　　도산지옥　　향하올지면
칼산이　　　스스로　　　꺾어지오며
제가만약　　화탕지옥　　향하올지면
화탕이　　　스스로　　　소멸되오며
제가만약　　다른지옥　　향하올지면
지옥이　　　스스로　　　없어지이다
제가만약　　아귀도를　　향하올지면
아귀들이　　저절로　　　배가부르고

제가만약	수라도를	향하올지면
악한마음	스스로	사그러지며
제가만약	축생도를	향하올지면
스스로	큰지혜를	얻어지이다

나무 관세음보살마하살   나무 대세지보살마하살
나무 천수보살마하살   나무 여의륜보살마하살
나무 대륜보살마하살   나무 관자재보살마하살
나무 정취보살마하살   나무 만월보살마하살
나무 수월보살마하살   나무 군다리보살마하살
나무 십일면보살마하살   나무 제대보살마하살

「나무 본사 아미타불」(3번)

신묘장구대다라니(神妙章句大陀羅尼)

나모라 다나다라 야야 나막알약 바로기제 새바라야 모지 사다바야 마하 사다바야 마하가로 니가야 옴 살바 바예수 다라나 가라야 다사명 나막 가리다바 이맘 알야 바로기제 새바라 다바 니라간타나막 하리나야 마발다 이사미 살발타 사다남 수반 아예염 살바 보다남 바바마라 미수다감 다냐타 옴 아로계 아로가 마지로가 지가란제 혜혜하례 마하모지 사다바 사마라 사마라 하리나야 구로구로 갈마 사다야 사다야 도로도로 미연제 마하 미연제 다라다라 다린나례 새

바라 자라자라 마라 미마라 아마라 몰제 예혜혜 로계 새바라 라아
미사미 나사야 나베 사미사미 나사야 모하자라 미사미 나사야 호로
호로 마라호로 하례 바나마 나바 사라사라 시리시리 소로소로 못쟈
못쟈 모다야 모다야 매다리야 니라간타 가마사 날사남 바라 하라나
야 마낙 사바하 싯다야 사바하 마하싯다야 사바하 싯다유예 새바라
야 사바하 니라간타야 사바하 바라하 목카싱하 목카야 사바하 바나
마 하따야 사바하 자가라 욕타야 사바하 상카섭나녜 모다나야 사바
하 마하라 구타다라야 사바하 바마사간타 이사 시체타 가릿나 이나
야 사바하 먀가라 잘마 이바사나야 사바하

「나모라 다나다라야야 나막알약 바로기제 새바라야 사바하」
(3번)

[사방찬(四方讚)]

동쪽에	물뿌리니	도량정하고
남쪽에	물뿌리니	청량얻으며
서쪽에	물뿌리니	정토갖추고
북쪽에	물뿌리니	길이편하리

[도량찬(道場讚)]

도량이	청정하여	티끌없으니
삼보님과	팔부성중	강림하소서

제가이제　미묘진언　외우옵나니
크신자비　베푸시어　가호하소서

[참회게(懺悔偈)]

지난동안　지은바　　모든악업은
무시이래　탐진치로　말미암아서
몸과말과　뜻으로　　지었사오니
제가이제　그모두를　참회합니다

참회진언(懺悔眞言)

옴 살바 못자 모지 사다야 사바하 (3번)

[준제찬(准提讚)]

준제주는　온갖공덕　무더기러라
고요한　　마음으로　항상외우면
이세상　　온갖재난　범접못하리
하늘이나　사람이나　모든중생이
부처님과　다름없는　복을받으니
여의주를　얻음과　　같으리로다

「나무 칠구지 불모 대준제보살」(3번)

정법계진언(淨法界眞言)

옴 남 (3번)

호신진언(護身眞言)

옴 치림 (3번)

관세음보살 본심미묘 육자대명왕진언(觀世音菩薩 本心微妙 六字大明王眞言)

옴 마니 반메 훔 (3번)

준제진언(准提眞言)

나무 사다남 삼먁삼못다 구치남 다냐타

「옴 자례주례 준제 사바하 부림」 (3번)

내 이제	준제주를	지송하옵고
보리심	발하오며	큰원세우니
정과혜가	뚜렷이	밝아지오며
모든공덕	남김없이	성취하옵고
수승한복	두루두루	장엄하오며
중생모두	불도를	이뤄지이다

여래십대발원문(如來十大發願文)

바라노니	삼악도를	길이여의고
탐심진심	삼독심	속히끊으며
어느때나	삼보이름	항상듣고서
계정혜	삼학을	힘써닦으며
부처님을	따라서	항상배우고
위없는	보리심에	항상머물며
어김없이	안양국에	태어나아서
아미타	부처님을	친견하옵고
미진세계	국토에	몸을나투어
모든중생	남김없이	건네지이다

발사홍서원(發四弘誓願)

중생	가없지만	기어코	건지리다
번뇌	끝없지만	기어코	끊으리다
법문	한없지만	기어코	배우리다
불도	끝없지만	기어코	이루리다
자성	중생을	기어코	건지리다
자성	번뇌를	기어코	끊으리다
자성	법문을	기어코	배우리다
자성	불도를	기어코	이루리다

[발원이귀명례삼보(發願已歸命禮三寶)]

「나무 상주시방불

나무 상주시방법

나무 상주시방승」 (3번)

부록 3

한문 천수경

淨口業眞言(정구업진언)

수리수리 마하수리 수수리 사바하 (3번)

五方內外安慰諸神眞言(오방내외안위제신진언)

나무 사만다 못다남 옴 도로 도로 지미 사바하 (3번)

開經偈(개경게)

無上甚深微妙法　　百千萬劫難遭隅
무상심심미묘법　　백천만겁난조우
我今聞見得受持　　願解如來眞實意
아금문견득수지　　원해여래진실의

開法藏眞言(개법장진언)

옴 아라남 아라다 (3번)

千手千眼　觀自在菩薩　廣大圓滿
천수천안 관자재보살 광대원만
無碍大悲心大多羅尼　啓請
무애대비심대다라니 계청

稽首觀音大悲主　　願力弘深相好身
계수관음대비주　　원력홍심상호신
千臂莊嚴普護持　　千眼光明遍觀照
천비장엄보호지　　천안광명변관조
眞實語中宣密語　　無爲心內起悲心
진실어중선밀어　　무위심내기비심
速令滿足諸希求　　永使滅除諸罪業
속령만족제희구　　영사멸제제죄업
天龍衆聖同慈護　　百千三昧頓薰修
천룡중성동자호　　백천삼매돈훈수
受持身是光明幢　　受持心是神通藏
수지신시광명당　　수지심시신통장
洗滌塵勞願濟海　　超證菩提方便門

세척진로원제해 　　초증보리방편문
我今稱誦誓歸依 　　所願從心悉圓滿
아금칭송서귀의 　　소원종심실원만
南無大悲觀世音 　　願我速知一切法
나무대비관세음 　　원아속지일체법
南無大悲觀世音 　　願我早得智慧眼
나무대비관세음 　　원아조득지혜안
南無大悲觀世音 　　願我速度一切衆
나무대비관세음 　　원아속도일체중
南無大悲觀世音 　　願我早得善方便
나무대비관세음 　　원아조득선방편
南無大悲觀世音 　　願我速乘般若船
나무대비관세음 　　원아속승반야선
南無大悲觀世音 　　願我早得越苦海
나무대비관세음 　　원아조득월고해
南無大悲觀世音 　　願我速得戒定道
나무대비관세음 　　원아속득계정도
南無大悲觀世音 　　願我早登圓寂山
나무대비관세음 　　원아조등원적산
南無大悲觀世音 　　願我速會無爲舍
나무대비관세음 　　원아속회무위사

南無大悲觀世音　　願我早同法性身
나무대비관세음　　원아조동법성신

我若向刀山　　刀山自摧折
아약향도산　　도산자최절
我若向火湯　　火湯自消滅
아약향화탕　　화탕자소멸
我若向地獄　　地獄自枯渴
아약향지옥　　지옥자고갈
我若向我歸　　我歸自飽滿
아약향아귀　　아귀자포만
我若向修羅　　惡心自調伏
아약향수라　　악심자조복
我若向蓄生　　自得大智慧
아약향축생　　자득대지혜

南無觀世音菩薩摩訶薩	南無大勢至菩薩摩訶薩
나무관세음보살마하살	나무대세지보살마하살
南無千手菩薩摩訶薩	南無如意輪菩薩摩訶薩
나무천수보살마하살	나무여의륜보살마하살

南無大輪菩薩摩訶薩　　南無觀自在菩薩摩訶薩
나무대륜보살마하살　　나무관자재보살마하살
南無正趣菩薩摩訶薩　　南無滿月菩薩摩訶薩
나무정취보살마하살　　나무만월보살마하살
南無水月菩薩摩訶薩　　南無軍茶利菩薩摩訶薩
나무수월보살마하살　　나무군다리보살마하살
南無十一面菩薩摩訶薩　南無諸大菩薩摩訶薩
나무십일면보살마하살　나무제대보살마하살
南無本師阿彌陀佛
나무본사아미타불 (3번)

신묘장구대다라니(神妙章句大陀羅尼)

나모 라다나 다라야야 나막알약 바로기제 새바라야 모지사다
바야 마하사다바야 마하가로 니가야 옴 살바 바예수 다라나 가라
야 다사명 나막 까리다바 이맘알야 바로기제 새바라 다바 니라간
타 나막하리나야 마발다 이사미 살발타 사다남 수반아예염 살바
보다남 바바마라 미수다감 다냐타 옴 아로계 아로가 마지로가 지
가란제 혜혜하례 마하모지 사다바 사마라 사마라 하리나야 구로
구로 갈마 사다야 사다야 도로도로 미연제 마하미연제 다라다라
다린 나례 새바라 자라자라 마라미마라 아마라 몰제예혜혜 로계
새바라 라아 미사미 나사야 나베사미사미 나사야 모하자라 미사

미 나사야 호로호로 마라호로 하례 바나마나바 사라사라 시리시
리 소로소로 못쟈못쟈 모다야 모다야 매다리야 니라간타 가마사
날사남 바라하라나야 마낙 사바하 싯다야 사바하 마하싯다야 사
바하 싯다유예 새바라야 사바하 니라간타야 사바하 바라하 목카
싱하 목카야 사바하 바나마 하따야 사바하 자가라 욕다야 사바하
상카섭나네 모다나야 사바하 마하라 구타다라야 사바하 바마사
간타 이사시체다 가릿나 이나야 사바하 먀가라 잘마니바사나야
사바하

「나모 라다나 다라야야 나막 알약 바로기제 새바라야 사바하」 (3번)

[四方讚(사방찬)]

一灑東方潔道場	二灑南方得淸凉
일쇄동방결도량	이쇄남방득청량
三灑西方俱淨土	四灑北方永安康
삼쇄서방구정토	사쇄북방영안강

[道場讚(도량찬)]

道場淸淨無瑕穢	三寶天龍降此地
도량청정무하예	삼보천룡강차지
我今持誦妙眞言	願賜慈悲密加護
아금지송묘진언	원사자비밀가호

[懺悔偈(참회게)]

我昔所造諸惡業　　皆由無始貪瞋癡
아석소조제악업　　개유무시탐진치
從身口意之所生　　一切我今皆懺悔
종신구의지소생　　일체아금개참회

[懺除業障十二尊佛(참제업장십이존불)]

南無懺除業障寶勝藏佛
나무참제업장보승장불

寶光王火簾照佛
보광왕화렴조불

一切香華自在力王佛
일체향화자재력왕불

百億恒河沙決定佛
백억항하사결정불

振威德佛
진위덕불

金綱堅强消伏壞散佛
금강견강소복괴산불

寶光月殿妙音尊王佛

보광월전묘음존왕불

歡喜藏摩尼寶積佛

환희장마니보적불

無盡香勝王佛

무진향승왕불

獅子月佛

사자월불

歡喜莊嚴珠王佛

환희장엄주왕불

帝寶幢摩尼勝光佛

제보당마니승광불

[十惡懺悔(십악참회)]

殺生重罪今日懺悔	偸盜重罪今日懺悔
살생중죄금일참회	투도중죄금일참회
邪淫重罪今日懺悔	妄語重罪今日懺悔
사음중죄금일참회	망어중죄금일참회
綺語重罪今日懺悔	兩舌重罪今日懺悔
기어중죄금일참회	양설중죄금일참회
惡口重罪今日懺悔	貪愛重罪今日懺悔
악구중죄금일참회	탐애중죄금일참회

瞋恚重罪今日懺悔　　癡暗重罪今日懺悔
진에중죄금일참회　　치암중죄금일참회

百劫積集罪　　一念頓蕩盡
백겁적집죄　　일념돈탕진
如火焚枯草　　滅盡無有餘
여화분고초　　멸진무유여
罪無自性從心起　　心若滅是罪亦亡
죄무자성종심기　　심약멸시죄역망
罪亡心滅兩俱空　　是卽名爲眞懺悔
죄망심멸양구공　　시즉명위진참회

懺悔眞言(참회진언)

옴 살바 못자모지 사다야 사바하 (3번)

[**准提讚**(준제찬)]

准提功德聚　　寂靜心常誦
준제공덕취　　적정심상송
一切諸大難　　無能侵是人
일체제대난　　무능침시인
天上及人間　　受福如佛等

천상급인간　　수복여불등
　遇此如意呪　　定獲無等等
　우차여의주　　정획무등등

南無七俱肢佛母大准提菩薩
나무칠구지불모대준제보살 (3번)

淨法界眞言(정법계진언)
옴 남 (3번)

護身眞言(호신진언)
옴 치림 (3번)

觀世音菩薩本心微妙六字大明王眞言(관세음보살본심미묘육자대명왕진언)
옴 마니 반메 훔 (3번)

准提眞言(준제진언)
나무 사다남 삼먁 삼못다 구치남 다냐타
「옴 자례주례 준제 사바하 부림」(3번)

[准提發願(준제발원)]

我今持誦大准提　　卽發菩提廣大願
아금지송대준제　　즉발보리광대원
　願我定慧速圓明　　願我功德皆成就
원아정혜속원명　　원아공덕개성취
願我勝福遍莊嚴　　願共衆生成佛道
원아승복변장엄　　원공중생성불도

如來十大發願文(여래십대발원문)

願我永離三惡道　　願我速斷貪瞋癡
원아영리삼악도　　원아속단탐진치
願我常聞佛法僧　　願我勤修戒定慧
원아상문불법승　　원아근수계정혜
願我恒隨諸佛學　　願我不退菩提心
원아항수제불학　　원아불퇴보리심
願我決定生安養　　願我速見阿彌陀
원아결정생안양　　원아속견아미타
願我分身遍塵刹　　願我廣度諸衆生
원아분신변진찰　　원아광도제중생

發四弘誓願(발사홍서원)

衆生無遍誓願度　　煩惱無盡誓願斷
중생무변서원도　　번뇌무진서원단

法門無量誓願學　　佛道無上誓願成
법문무량서원학　　불도무상서원성

自性衆生誓願度　　自性煩惱誓願斷
자성중생서원도　　자성번뇌서원단

自性法門誓願學　　自性佛道誓願成
자성법문서원학　　자성불도서원성

發願已歸命禮三寶(발원이귀명례삼보)

南無常住十方佛　　南無常住十方法　　南無常住十方僧
나무상주시방불　　나무상주시방법　　나무상주시방승 (3번)

淨三業眞言(정삼업진언)

옴 사바바바 수다 살바 달마 사바바바 수도함 (3번)

開壇眞言(개단진언)

옴 바아라 뇨로 다가다야 삼마야 바라베 사야훔 (3번)

建壇眞言(건단진언)

옴 난다 난다 나지나지 난다바리 사바하 (3번)

淨法界眞言(정법계진언)

羅字色鮮白　空點以嚴之
나자색선백　공점이엄지

如彼髻明珠　置之於頂上
여피계명주　치지어정상

眞言同法界　無量重罪除
진언동법계　무량중죄제

一切觸穢處　當加此字門
일체촉예처　당가차자문

나무 사만다 못다남 남 (3번)

동명 스님과 함께
매일매일 천수경

초판 1쇄 인쇄　2025년 10월 23일
초판 1쇄 발행　2025년 10월 31일

글	동명
발행인	원명

대표	남배현
본부장	모지희
편집	김옥자 손소전 박병익
디자인	정면
경영지원	허선아

펴낸곳	조계종출판사
주소	서울시 종로구 삼봉로 81 두산위브파빌리온 1308호
전화	02-720-6107
전송	02-733-6708
이메일	jogyebooks@naver.com
등록	제2007-000078호 (2007. 04. 27.)
구입문의	불교전문서점 향전(www.jbbook.co.kr) 02-2031-2070

ISBN 979-11-5580-261-8　03220

· 책값은 뒤표지에 있습니다.
· 이 책의 내용 전부 또는 일부를 사용하려면 반드시 저자와 출판사의 서면 동의를 받아야 합니다.

조계종
출판사　지혜와 자비의 눈으로 세상을 바라봅니다.

본 저서는 대한불교조계종 교육아사리 연구비 지원을 받아 저술되었습니다.